さーやんの ゼロスキルキャンプ飯

外でも 🏠 家でも！

ン
プ
飯
140

光文社　　さーやん

はじめに

この本を手に取ってくださり、ありがとうございます！

2023年4月に出した私の初めての本、『さーやんのゼロスキル！　キャンプ飯』が好評で、この第2弾を出版することができました。

前作を見た方々が、実際に料理を作ってSNSに投稿してくださったり、「全品制覇して2周目に入ったよ」「グルキャン（グループキャンプ）で作ったらみんなに好評だった！」などのうれしいメッセージをくださったり。そうしたことがこの第2弾を制作する活力になりました。

今回は1作目よりもグレードアップし、レシピ数は大幅増の140品！

人気のマルチグリドルパンを使ったメニューや、グルキャン向けのメニューを増やし、SNSに寄せられるメニューリクエストにもお応えしました。

でも、料理自体のハードルは上げず、初心者でも作れるものばかり。キャンプだけでなくおうちでも作ってもらいたいので、家で作る際のポイントなども載せました。家でも外でもぜひ、気軽に作ってみてください。

もし、この本のレシピを作ってくださったら、「@＿＿＿saaayan＿＿＿」をタグ付けしてSNSで投稿してもらえると、私も見ることができるのですごくうれしいです。

自分たちの世界観を大切にしたいという思いから、写真は1作目同様、私と夫のともやんの2名ですべて撮影しています。この本を通して私たちのキャンプのリアル感もお届けできたらいいな、と思っています。私が実際に使用している道具や春夏秋冬のキャンプコーデのポイントも載せているので、ぜひ参考にしてみてくださいね。

みんなの料理ライフ、キャンプライフがハッピーになりますように！

さーやん

さーやんの
キャンプごはん8か条

手間や時間はかけずに、見栄えはちょっぴり意識。
私が日頃大切にしていることをまとめてみました。

ルール ① できるだけおうちで準備

材料を家でまぜ、保存袋に入れて持っていくなど、なるべく家で準備していくと時短に。さらに材料が中途半端に残らず、洗い物も減るなどメリットだらけ。

ルール ② 旬&地産地消を意識する

安価でおいしく、栄養価も高い旬の食材を積極的にとるようにしています。また、キャンプ場周辺のスーパーなどで地場産品を買って料理に使うのも最高！

ルール ③ 市販品も上手に利用する

調理にかける時間はなるべく減らしたい！　缶詰や冷凍食品、レトルトなどの市販品は、下処理不要で使えるものが多く、手間を省くことができます。

ルール ④ キャンプは シンプルごはんが◎

キャンプだと、普通に炊いたごはんさえもおいしく感じるもの。作りやすく、素材の味を生かすことのできる調理や味つけを心がけてレシピを考案しています。

ルール ⑤ マルチに活躍する 道具を使う

メスティンを炊飯だけでなく蒸し料理に活用したり、ホットサンドメーカーでつまみを作ったり。いろいろな使い道を見つけると荷物を減らせます。

ルール ⑥ おしゃれに、 おいしそうに盛る！

薬味を散らしたり、かわいい器に盛ったり。「おいしそう」を演出できると、人に出した際に喜ばれるし、何より自分のモチベーションも上がります。

ルール ⑦ ドリンクは保冷にこだわる

せっかく料理がおいしくできても、飲み物がぬるいと台無しに。氷用のジャグを用意したり、缶クーラーを使ったり、冷え冷え対策を万全にしています。

ルール ⑧ 片付けまできれいに

キャンプ場の炊事場に残飯を流したり、生ごみを放置したりするのはNG。私は生ごみ用のネットを持参しています。みんなが気持ちよく使えることが大切。

春 急増する紫外線に注意！

サングラスも
用意して目からの
紫外線もカット

帽子は
必須アイテム

紫外線が強くなる
から帽子は必須

温度調整しやすい
Tシャツ＋羽織り

UVカット
加工の
薄手の生地

紫外線と虫対策で
長袖＆長ズボン

虫と日焼け
対策で長ズボン
や靴下を着用

動きやすい
オーバーサイズ
を愛用

夏 暑さと日焼け
対策を万全に

さーやんの
キャンプファッション

大事なのはおしゃれと実用性を兼ね備えていること。
季節ごとの服装のポイントを挙げてみました。

冬 小技でしっかり防寒

秋 気温の変化に
対応できる服装を

紫外線対策＆寒さ
対策で帽子を着用

ハイネックの
アウターや
インナーで
首元を保護

インナーダウンや
機能性インナー
を活用

ベストで
おしゃれさと
防寒性をアップ

重ね着で
温度調整

カラーで
秋感を意識

背中（肩甲骨の間）
や足の甲に
カイロを貼って

靴下は冬用の
極厚ソックス

足元はスノー
ブーツで暖かく

さーやんの
キャンプキッチンの作り方

まずは何もない場所にキッチンを作ることからスタート。
機能的なギアを使って調理環境を整えましょう。
ここでは私が愛用しているアイテムをご紹介します。

1 キッチンを準備

料理でまず必要となるのが「火元」。焚き火台＋調理道具をのせる五徳、またはバーナーを用意しましょう。材料を切ったりする際にテーブルもあると便利。

焚き火台
（TOKYO CRAFTS／焚火台マクライト2）
五徳を設置すればフライパンなどの道具を使った調理が可能に。

バーナー＆テーブル
（snow peak／フラットバーナー）（OLD MOUNTAIN／NORAs フレーム）
火おこしの必要がないバーナーも持っておくと安心。バーナーをビルトインできるテーブルがあると使い勝手がアップ。

火吹き棒
（SINANO WORKS／ファイヤーブラスター アルチザン）
焚き火に空気を吹き込み、火力を調節する道具。

火ばさみ
（サンゾー工務店／PULSE）
薪や炭をつかむアイテム。火おこしや火力調整に必須。

ナイフ
（HELLE／ユートゥベーラ）
細い薪が必要なときに、薪割りに使える丈夫なナイフがあるとgood。

2 基本の調理道具を揃えよう

フラット

マルチグリドルパン
（JHQ／鉄板マルチグリドル フラット 33cm、ディープ29cm）

軽量で焦げつきくいアルミ素材の調理道具。ディープタイプは煮物や揚げ物にも活躍。

ディープ

フライパン
（LODGE／スキレット 8インチ）

焼く、いためるなど幅広い調理に。おうちで使っているものでもOK。ふたもあると便利。

メスティン、保温袋、網
（OUTDOOR SHOP DECEMBER／DECEMBERオリジナル Trangia メスティン ベージュ）（DAIS／メスティンウォームケース）（trangia／メスティン用SSメッシュトレイ）

アルミ素材の飯ごう。蒸らす際に使う保温袋や、蒸し物に使える網も揃えたい。

鍋（クッカー）
（SOTO／ステンレスヘビーポット GORA）

別名「コッフェル」。重ねて収納できるキャンプ用の鍋は、汁物などを作るのに役立ちます。

分離型

ホットサンドメーカー
（IWANO／ホットサンドメーカーFT）

キャンプにはじか火対応のものを。上下が分かれる分離型ならフライパン代わりに使えます。

たこ焼き器
（snow peak／雪峰苑 たこ焼きプレート）

「ひとくちパイ」（P32）で使用。グループキャンプで盛り上がること間違いなし！

3 キッチングッズを揃えよう

シェラカップ
（ZANE ARTS／ステンレスシェラカップ）

まぜたり量ったりする際に重宝。食器として使っても。

ケトル
（GSI／グレイシャーステンレスティー ケトル）

カップラーメンを作るなど、お湯を使いたいときに。

まな板
（Wood rings／カッティングボード）

材料を切るのに欠かせない道具。皿としても使えます。

包丁
（neru design works／camp no hamono）

安全に持ち運べるように専用の袋がある商品が◎。

キッチンばさみ
（鳥部製作所／キッチンスパッター KS-203）

よく切れるはさみなら肉や魚もカットできます。

計量スプーン
（ナガオ／燕三条 極厚ダブル計量スプーン）

調味料を正しく量ると味つけがしっかり決まります。

4 用途に応じてグッズをプラス

ティーポット
（snow peak／サヨウ）

外でも手軽に日本茶や紅茶が楽しめる、アウトドア用のティーポットセット。

グローブ
（DVERG／DVERG×GRIP SWANY G-1 レギュラータイプ コヨーテ）

火を使うときには、やけどやけがを防ぐためにアウトドア用グローブを装着。

トング
（FEDECA／CLEVER TONG 名栗）

焚き火で調理すると手元が熱くなりやすいので、長めのトングがあると安心。

クーラーボックス
（AO Coolers／24パック キャンバス ソフトクーラー サンドトープ）

キャンプでの冷蔵庫代わりに必須。サイズは人数や日数に合わせて選んで。

缶クーラー
（snow peak／缶クーラー350）

缶の飲み物を入れると、冷たい状態を長時間保ってくれるアイテム。

ジャグ
（BROOKLYN WORKS／WATER JUG 2.5L）

保冷性、保温性の高いジャグ。我が家では氷の保管クーラーとして活用。

ウォータージャグ
（colapz／2-in-1 Water Carrier & Bucket タン）

小さく折りたためるタイプ。本格的に調理をするなら大きめのジャグが安心。

ボトル
（nalgene／広口1.0L Tritan Renew）

口が広くふたができるボトルは、ソースの材料などをまぜ合わせるときに活躍。

ツールバッグ
（buzzhouse design／ツールBOX型イタリアンレザーバッグ）

小さな道具はなくなりやすいので、ツールボックスにまとめて収納しています。

5 料理をおしゃれに見せたいなら

木のカップ
（atelier dehors／YAMAZAKURA CUP）

山桜の木から削り出したカップ。ほっこりした雰囲気はスープなどにぴったり。

カッティングボード
（canowa／ウッド×レジン カッティングボード 280 ラウンド）

レジンとオリーブを組み合わせた個性的なデザイン。大皿として使っています。

木の皿
（O'KEEFFE FURNITURE／wood plate M）

優美な形の皿は、デザートはもちろん、おつまみを盛っても絵になります。

キャンプで準備すべき「火」「水」「洗い物グッズ」

加熱調理をするなら必要な「火器」

焚き火台

焚き火はホイル焼きなどができるほか、五徳や焼き網を設置すれば調理道具を使った料理も可能。最近は地面に火が触れる「じか火」が禁止のキャンプ場も多いので、焚き火台を用意しましょう。

バーナー

ガス缶やガソリンを燃料とするアウトドア用コンロ。火力調節が簡単なので、初心者向き。燃料に直接装着する一体型と、ホースなどでつなぐ分離型があり、重い調理道具をのせるなら分離型が◎。

カセットコンロ

カセットコンロも、火おこしが不要で火力調整がしやすいので初心者向きのアイテム。屋外で使う場合は風で火が消えやすいので、風防機能が備わっていて火力の強いタイプを選んで。

固形燃料ストーブ

固形燃料を設置して使う、コンパクトなアウトドア用コンロ。100均でも入手可能。火力調整が難しいのでいため物などより、メスティンと組み合わせてごはんを炊くのがおすすめ（P.68）。

> **注意!** ○火器を使用する際は、万が一の火事に備え、消火用の水も用意しましょう。
> ○火が燃え移らないように距離を取って調理を。風が強い日は火器の使用を控えましょう。

調理や手洗いなどに使う「水」

ウォータージャグ

キャンプサイトと水場が離れていることもあるので、水をためておけるウォータージャグがあると便利。安定感のあるハードタイプと、小さく折りたためるソフトタイプ（P8）があります。

ペットボトルや水筒

ソロキャンプやデイキャンプなら、ペットボトルの水を持参したり、手持ちの水筒やボトルを水の保管に使ったりしてもOK。目盛りのついたボトルなら、計量カップ代わりにもなります。

食事をしたら発生する「洗い物」

食器洗剤

「フロッシュ」「エコキッチンクリーナー」「HORINISHI Clean Z」など、環境への負荷の少ない洗剤を愛用。軽い汚れなら洗剤を吹きかけてキッチンペーパーで拭きとるだけでも落ちます。

持ち帰りセット

洗い場がないキャンプ場や、デイキャンプのときは、汚れた調理道具や食器をバケツやポリ袋などに入れて持ち帰っています。お湯が出るおうちの環境の方が汚れも簡単に落とせます。

◎この本のレシピについて
・小さじ1は5㎖、大さじ1は15㎖、1カップは200㎖、米の1合は180㎖です。
・本書のレシピは、焚き火、バーナー、固形燃料を使って調理しています。使う道具や環境、天候などによって加熱時間は変わってくるので、本書の記載時間は目安として、味見するなど様子を見つつ調理しましょう。
・中火、弱火など火力の細かい調整が必要なレシピはバーナーやカセットコンロの調理がおすすめです。
・電子レンジは600Wのものを使用しています。
・パセリはフレッシュのみじん切りまたはドライパセリを使用しています。
・こしょうは本書ではあらびき黒こしょうを使っています。好みのものを使ってください。
・食パンは特に指定のない場合6枚切りを使っています。好みで6〜8枚切りのものを使ってください。

プロローグ

この章で使う調理道具

フライパン
スキレット

マルチ
グリドルパン

メスティン

ホットサンド
メーカー

たこ焼き器

New バズりめし TOP 10

新作レシピの中から、再生回数100万回以上のメニューをご紹介します。
第１弾の出版以来、さらに多くの反響をいただくようになりました。
見てもらえる＝おいしそうの証だと思うと、すごくうれしいです。
「食べたい！」と思ったら、ぜひ作ってみてくださいね。

1 中近東の名物料理をアレンジ
さばみそ缶の
シャクシュカ

パンはパリパリに
焼いた方が
おいしいよ

● **材料（2〜4人分）**

カットトマト… 1 パック（390g）＊缶詰でもOK
さばのみそ煮缶… 1 缶
バター… 1 かけ
卵… 3 個
バゲットの薄切り… 1 本分
塩、こしょう、パセリ…各適量

● **作り方**

1. マルチグリドルパンにトマトを熱し、さばのみそ煮とバターを加える。
2. さばをほぐしながら全体をまぜ、塩、こしょうで味をととのえる。
3. 卵を割り入れ、弱火で半熟程度に固まるまで煮る。
4. まわりにバゲットを並べて焼き、パセリを散らす。

🏠 おうちで作るなら

スキレットで作ってもおしゃれ。
シャクシュカを作っている間に、
バゲットをオーブントースターで
焼いて添えれば時間短縮に。

トマトは紙パックの方が捨てるのがラク

卵とバターが入るから味がマイルドに

塩、こしょうで調整し、粉チーズを入れても美味

マルチグリドルだとパンも同時に焼けちゃう

2 ベーコンエッグ ホットサンド

チーズと黄身が
とろ〜り。
目玉焼きは
半熟がおいしいよ

● 材料（1〜2人分）

食パン、ベーコン（薄切り）…各2枚
卵…1個
ピザ用チーズ、ケチャップ、マヨネーズ
　　　　　　　　　　　　…各適量

● 作り方

1 ホットサンドメーカーに食べやすく切ったベーコンを並べて熱し、卵を割り入れ、黄身が半熟になったらとり出す。

2 食パン1枚をホットサンドメーカーに置き、**1**をのせてケチャップとマヨネーズをかける。

3 チーズをのせてもう1枚のパンではさみ、両面に焼き色がつくまで焼き、半分に切る（ホットサンドの作り方はP104参照）。

🏠 おうちで作るなら

ホットサンドメーカーがなければ、フライパンで焼いてもOK。具材をはさんだ食パンに重めの鍋のふたなどをのせ、上から押さえながら焼くとカリッと仕上がります。

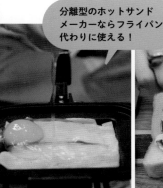

分離型のホットサンド
メーカーならフライパン
代わりに使える！

ベーコンエッグ、
調味料や
チーズをON

食パンを重ねて
セット完了

途中で焼き加減
を見てね

3 ほどよい酸味でさっぱり！
海鮮塩レモン焼きそば

●**材料（1人分）**

中華蒸しめん（焼きそば用）…1袋
ピーマン、しいたけ…各1個
冷凍シーフードミックス、水…各適量
ごま油…大さじ1
レモン…1/2個
A ┌ 塩、こしょう…各適量
　　│ オイスターソース、鶏ガラスープの素
　　└　　…各小さじ1

●**作り方**

1 ピーマンは細切り、しいたけは薄切り
　　にする。レモンは3枚分薄切りにし、
　　残りはとっておく。

2 マルチグリドルパンにごま油を熱し、
　　シーフードミックスをいためる。

3 ピーマン、しいたけも加え、さらにい
　　ためる。

4 中華めんと水を加え、めんをほぐしな
　　がらいためる。

5 **A**を加え、残りのレモンを絞ってかけ、
　　軽くまぜる。レモンの薄切りをのせる。

余ったレモンは
サワーや炭酸に絞って
焼きそばのおともに

🏠 おうちで作るなら

めんの袋を少し開けて耐熱皿にの
せ、電子レンジで30秒ほど加熱
すると簡単にほぐれ、水を加えな
くてもいためやすくなります。

野菜に火が通る
までいためて

水を入れすぎると
べちゃっとなるので注意

めんの袋を少し開けて
水を少量入れ、もみもみ
するとほぐれやすい！

調味料を入れたら
レモンをキュッ

春夏キャンプに
おすすめの
さわやか中華♪

4 さけとしめじの 炊き込みごはん

朝ごはんにもよき、しみじみ和食

● **材料（1合分）**

米（洗って水けをきる）…1合
水…180㎖
さけ（塩さけ）…1切れ
しめじ、大葉のせん切り…各適量
Ⓐ しょうゆ、酒、みりん…各大さじ1

● **作り方**

1. メスティンに米、水を入れ、30分ほど浸水させる。
2. Ⓐを入れて軽くまぜ、石づきを切ってほぐしたしめじとさけをのせて炊く（ごはんの炊き方はP68参照）。
3. 炊きあがったら10分蒸らし、大葉をのせる。

バターをプラスすると
ワンランク上の味に

🏠 **おうちで作るなら**

炊飯器に米とⒶを入れて1合の目盛りまで水を加え、具材をのせてスイッチオン。さけをほぐしてまぜ、茶わんに盛り、大葉を散らします。分量を倍で炊いても。

調味料を入れたら
まぜてね

具材を
のっけたら…

ふたをして火にかけるだけ。
自動炊飯ならほったらかしでOK

炊き上がったら10分
蒸らすのがポイント

20

いくらをのせると
パーティー向けの
華やかごはんに！

21

5 シンプルねぎ丼

具材はねぎのみ！でもうまい

●材料（1合分）

長ねぎ…2本
ごま油…大さじ1
あたたかいごはん、韓国のり（刻み）…各適量
卵黄…1個分

A ┌ **酒、砂糖、しょうゆ**…各大さじ1
   └ **豆板醤**（トウバンジャン）…小さじ1

●作り方

1. ねぎはあらく刻む。**A**をまぜてたれを作る。
2. フライパンにごま油を熱してねぎを軽くいため、たれを加えてさっとまぜる。
3. ごはんに **2** をのせ、韓国のりを散らして真ん中に卵黄をのせる。

ねぎの食感を残したいから短時間でいためて

余った卵白はねぎと一緒にいためると無駄なし

炊きたてごはんにねぎをドサッと

香ばしい韓国のりと卵黄で風味アップ

ねぎ好きにはたまらん♬

おうちで作るなら

ねぎのみじん切りはチョッパーなどを使うとより簡単。ねぎが大量なので少し大きめのフライパンでいためる方が作りやすいです。

6 焼き枝豆
定番つまみもおしゃれに
ペペロンチーノ風

●材料（作りやすい分量）

枝豆（冷凍または下ゆでしたもの）…200ｇ
にんにく…１かけ
赤とうがらし…１本
オリーブ油…大さじ１
塩、こしょう…各適量

ガーリック風味で
ますますビールが
進んじゃう！

●作り方

1. にんにくはみじん切り、赤とうがらしは種を除いて小口切りにする。
2. 枝豆は凍っていたら流水で解凍し、水けをきる。両端をキッチンばさみか包丁で切る。
3. フライパンにオリーブ油を弱火で熱し、1をいためる。香りが立ってきたら2を加えていため、塩、こしょうで味をととのえる。

🏠 おうちで作るなら

旬の時期なら生の枝豆を使うとさらにおいしい！　その場合は塩をもみ込んでよく洗い、下ゆでしてからいためて。

最初は弱火でじっくり
香りを出して

とうがらしはカットタイプ
を使うとさらにラクちん

キャンプでは下処理
不要の冷凍枝豆が便利

塩かげんは
味見でチェックしてね

7 いちごクリチあんホットサンド

断面も味も100点満点！

いちごの
フレッシュ感が
残って美味！

●材料（1〜2人分）

いちご…5個
食パン…2枚
クリームチーズ、つぶあん…各適量

●作り方

1 食パン1枚にクリームチーズとあんこを塗りホットサンドメーカーに置く。

2 いちごは1個は先端を切り落とし、**1**のパンの真ん中に立てて置く。残りの4個はパンの角に先端が向くように並べる。

3 もう1枚のパンではさみ両面に焼き色がつくまで焼き、斜め半分に切る。

おうちで作るなら

このサンドもフライパンでも作れますが（P16）、上から強く押すといちごがつぶれてしまうので、フライ返しなどで軽く押さえる程度に。

クリチもあんこも
好きなだけ！

真ん中に置くいちご
だけ先端をカット

こんなふうに
並べてね

いちごが崩れない
ように強めの火で
さっと焼くのが◎

8 さつまいもスモア

ほっこり＆とろ〜り♡

●材料（1〜2人分）

さつまいも…1／2個
水、マシュマロ…各適量

ガストーチ
可燃性のガスを燃料にして高温の炎が出る器具。炙り料理に最適！

メスティンサイズの網（P7）があれば蒸し料理が簡単

●作り方

1. さつまいもは乱切りにする。
2. メスティンに網を入れ、さつまいもをのせて網の高さの少し下まで水を注ぐ。ふたをし、水がなくなるまで蒸し焼きにする。
3. さつまいもに火が通ったらマシュマロをのせ、ガストーチで軽く焼き目がつくまで炙る。

さつまいもが水につからないよう注意

甘さの足りないさつまいもでも絶品スイーツに変身♪

さつまいもがまだ硬かったら水を足してもう少し蒸して

マシュマロは焦げやすいのでガストーチを近づけすぎないように

おうちで作るなら

ガストーチがなければオーブントースターで作っても。耐熱皿に蒸したさつまいもとマシュマロをのせ、焼き目がつくまで3分ほど焼けばできあがり。

9 生地もクリームにもIN! オレオパンケーキ

●材料（作りやすい分量）

A
┌ **ホットケーキミックス**…1袋（150g）
│ **牛乳**…袋の表示量
└ **卵**…袋の表示量
オレオ…10枚（飾り用に2枚とっておく）
ホイップクリーム（市販）…適量

オレオ好きさんは
ぜひ試してみて

●作り方

1. ファスナーつき保存袋に**A**を入れ、袋をもんでまぜる。オレオ5枚をくだいて加え、さらにもんでまぜる。

2. フライパンを熱し、**1**の保存袋の角を切って生地を流し入れる。きつね色になるまで弱火でじっくり焼き、表面にぽつぽつ穴が現れたら裏返し、同様に焼く。袋の表示の枚数分焼き、器に重ねて盛る。

3. ホイップクリームを容器に出し、オレオ3枚を細かくくだいて加え、よくまぜる。

4. **2**に**3**と飾り用のオレオ2枚をのせる。

🏠 おうちで作るなら

生クリームから泡立てるとより本格的。しっかりツノが立つまで泡立ててからオレオを入れて。ホットプレートを囲んで楽しんでも♬

生地全体がオレオ色に
なるまでよーくまぜて

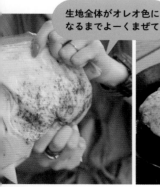

穴が出てきたら
裏返すタイミング！

おいしそうな
焼き色！

クリームにも
オレオたっぷり♡

濃厚なスイーツは
コーヒーとの
相性が抜群！

10 いろいろひとくち パイ ver.2

たこ焼き器の大きさに合わせて少しのばしてからカット

● 材料（作りやすい分量）

冷凍パイシート…1〜2枚

A 【ツナキムチパイ】
キムチ、ツナ缶（油漬け）…各適量

B 【バターコーンパイ】
ホールコーン缶、飾り用のパセリ、
バター…各適量

C 【カプレーゼパイ】
ミニトマト、バジルソース（市販）、
ピザ用チーズ…各適量

D 【照り焼きマヨパイ】
焼き鳥缶（しょうゆ味）、マヨネーズ、
飾り用の万能ねぎの小口切り…各適量

E 【バナナシナモンパイ】
バナナの輪切り、シナモンパウダー…各適量

● 作り方

1 冷凍パイシートは半解凍し、めん棒など
でたこ焼き器の大きさに合わせてのばす。
穴の大きさに合わせて切る。

2 たこ焼き器の上に**1**をのせ、スプーンな
どで穴に敷き込む。

3 好みで**A**〜**E**の具材を入れ、アルミホイ
ルでふたをしてパイシートに焼き色がつ
くまで加熱する。飾り用の具材があれば
のせる。

スプーンや手で密着させて。めん棒を使って押し込んでもOK

ふたをして蒸し焼きにすると早く火が通ります

バターやパセリなど飾り用の具材は焼きあがってからON

🏠 おうちで作るなら

とき卵に牛乳、ピザ用チーズ、塩をま
ぜ合わせ、具材を入れたパイ生地に流
し込んで焼くと、ミニキッシュに。

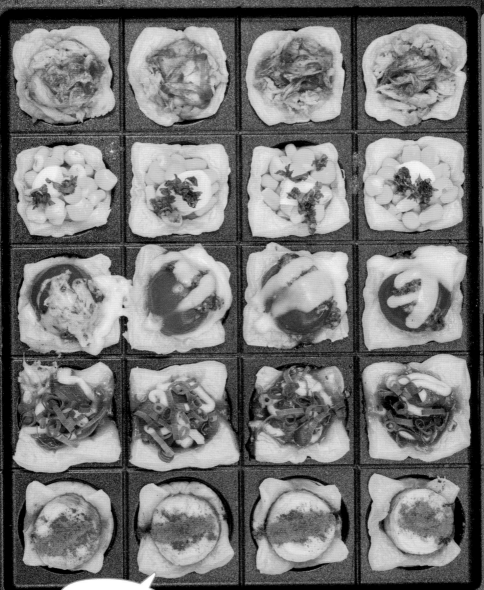

つまみ系でも
スイーツ系でも
お好みに合わせて

まだまだあります！
ひとくちパイバリエ

具材の組み合わせは無限大！ 味のマリアージュを楽しんで。
☆印の具材はパイ生地が焼きあがってからのせてね。

> 宝石箱みたい☆
> 全部違う具材にし
> てもアガる！

1 アボカドサラダパイ

アボカド＋ハム＋マヨネーズ

2 アボカドシュリンプパイ

アボカド＋ゆでたむきえび
＋バジルソース（市販）

3 カレーウインナパイ

ウインナソーセージ
＋ピザ用チーズ＋カレー粉

4 ツナエッグパイ

うずらの卵＋ツナ缶
＋ケチャップ

5 からあげマヨパイ

からあげ（市販）＋マヨネーズ
＋☆万能ねぎの小口切り

6 コーン＆ハムパイ

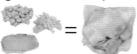

ホールコーン缶＋ハム
＋ピザ用チーズ

7 ミニコロッケパイ

コロッケ（市販）＋中濃ソース

8 さけマヨパイ

さけフレーク＋マヨネーズ
＋ピザ用チーズ

9 チーズケチャップパイ

さけるチーズ＋ケチャップ

10 しゅうまいパイ

しゅうまい（市販）
＋しょうゆ

11 オーロラツナマヨパイ

ツナ缶＋ケチャップ
＋マヨネーズ

12 ブロッコリー ジェノベパイ

ゆでブロッコリー
＋バジルソース（市販）

13 ベーコンマスタードパイ

ベーコン＋粒マスタード

14 ポテサラベーコンパイ

ポテトサラダ（市販）
+ベーコン

15 デリ風ポテサラパイ

ポテトサラダ（市販）
+粒マスタード

16 ミートチーズパイ

ミートボール（市販）
+ピザ用チーズ+☆パセリ

17 ハムモッツァパイ

モッツァレラチーズ
+ハム+ケチャップ

18 あんこクリチミニパイ

あんこ+クリームチーズ

19 あんバタパイ

あんこ+☆バター

20 ホイップいちごパイ

☆いちご+☆ホイップクリーム

21 オレオクリチパイ

オレオ+クリームチーズ

22 キャラメルくるみパイ

キャラメル+くるみ

23 おさつパイ

スイートポテト（市販）
+☆バター

24 バナナブリュレパイ

バナナの輪切り+☆グラニュー糖
（ガストーチで炙る）

25 チョコバナナ
シナモンパイ

バナナの輪切り+
シナモンパウダー+☆チョコソース

26 バナナ&
ピーナッツバターパイ

バナナの輪切り
+ピーナッツバター

27 ブルーベリー
クリチパイ

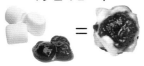

ブルーベリージャム
+クリームチーズ

28 ストロベリーホワイト
ショコラパイ

ホワイトチョコ+☆いちご

29 ストロベリー
マシュマロパイ

マシュマロ+いちごジャム

30 チョコマシュマロパイ

マシュマロ+☆チョコソース

31 レモンマシュマロパイ

マシュマロ
+☆レモンのいちょう切り

PART **1**

マルチグリドル使いこなし！

この章で使う調理道具

フライパン
スキレット

マルチ
グリドルパン

ワンパン
キャンプ
レシピ

最近、私が愛用しているのがマルチグリドルパンという調理道具。
焼く、煮る、ゆでる、揚げるがこれ１つで可能なのです！
この章ではマルチグリドルだけで作れるレシピを集めてみました。
全品フライパンでも代用可能なので、お手持ちの道具でお試しを。

メインもシメもワンパンで！
二度うまプルコギ

保存袋は容器にはめると入れやすい！

●材料（2人分）

牛薄切り肉…300g
玉ねぎ…1／2個
にんじん…1／3本
ニラ…1／2束
サンチュ、ごま油…各適量

A
- 砂糖、ごま油、コチュジャン…各大さじ1
- しょうゆ、酒、みりん…各大さじ3
- おろしにんにく…1かけ分
  （チューブなら小さじ1）

●作り方

1. ファスナーつき保存袋に**A**を入れてまぜ、牛肉を加えてもみ込む。
2. 玉ねぎは薄切り、にんじんは細切りにして**1**に加え、もんでまぜる。
3. マルチグリドルパンにごま油を熱し、**2**をつけだれごと入れていためる。
4. 肉に火が通ったら4〜5cm長さに切ったニラを加え、さっといためる。サンチュで巻いて食べる。

ここまでおうちでやって持参しても◎

保存袋を使うと洗い物が減るのがうれしい

ARRANGE　シメのチャーハン

残ったプルコギをグリドルのまわりに寄せて真ん中を空け、**とき卵**1個分を流し入れて焼く。卵に火が通ったら**ごはん**適量を加えていため、プルコギをまぜ込み、**万能ねぎ**の小口切り適量を散らしたら完成！

おうちで作るなら

ホットプレートで作ればパーティーメニューに。真ん中を空けてピザ用チーズをとかし、プルコギを絡めて食べてもおいしい♪

さっぱりジューシー
鶏もも肉のポン酢焼き

皮はパリパリ、中はしっとり〜

●材料（1〜2人分）

鶏もも肉…1枚

万能ねぎの小口切り…適量

A
- **ポン酢しょうゆ**…50㎖
- **おろししょうが、おろしにんにく**
  …各小さじ1/2（チューブでも）

●作り方

1. 鶏肉の表面にナイフを数か所刺して穴をあける。

2. マルチグリドルパンを熱し、鶏肉を皮目から焼き、こんがりときつね色になったら裏返す。キッチンペーパーなどで余分な脂を拭きとる。

3. **A**をまぜ合わせて回しかけ、アルミホイルでふたをし、中弱火で3分ほど蒸し焼きにする。

4. 肉に火が通ったら万能ねぎを散らす。

🏠 おうちで作るなら

手持ちのフライパンで作ってもOK。焼くときに少しずらしてふたをして、蒸し焼きに。

穴をあけて身が縮むのを防止

アルミホイルをかぶせて中まで火を通して

ねぎを散らしてできあがり

肉がくっつかないのもマルチグリドルの利点

ワンパンえびチリ

●材料（2人分）

えび（冷凍/無頭/殻なし/背わた処理済み）…200g
片栗粉…適量
ごま油…大さじ5
長ねぎのみじん切り…1本分

A
┌ **しょうがチューブ、にんにくチューブ**
│ …各3〜4cm
└ **豆板醤（トウバンジャン）**…小さじ1

B
┌ **ケチャップ**…大さじ3
│ **砂糖**…小さじ1/2
│ **片栗粉**…小さじ1/3
│ **水**…50㎖
└ **鶏ガラスープの素**…小さじ1

●作り方

1 えびは解凍し、キッチンペーパーで水けをとる。ファスナーつき保存袋にえびと片栗粉を入れて振り、全体にまぶす。

2 マルチグリドルパンにごま油を熱し、**1**を入れて揚げ焼きにする。両面がこんがり焼けたらグリドルのまわりにえびを寄せ、真ん中を空ける。

3 グリドルの真ん中に**A**を入れ、香りが立ってきたらえびを戻し、いためる。

4 まぜ合わせた**B**を入れて煮立たせ、ねぎを加えてさっといためる。

ARRANGE

えびチリサンド

卵1個で薄焼き卵を作り、あたためたえびチリの残りとともに食パン2枚ではさみ、両面をこんがり焼けばできあがり！

シャカシャカ振ってね

衣がカリッとしたら裏返し

お好みで豆板醤を増やしてもOK

ソースも同じグリドルで作れるから洗い物削減

香ばしい匂いがたまらない
山芋のマヨポンステーキ

マルチグリドルなら野菜料理も主役級に！

● 材料（1〜2人分）

山芋…8㎝程度
バター…1かけ
ポン酢しょうゆ…ふた回し
マヨネーズ、万能ねぎの小口切り…各適量

● 作り方

1 山芋は1㎝幅の輪切りにする。
2 マルチグリドルパンにバターを熱し、山芋を入れて両面に焼き色がつくまで焼く。
3 ポン酢を回しかけて、時々返しながら絡める。
4 マヨネーズをかけて万能ねぎを散らす。

🏠 おうちで作るなら

バターの代わりにごま油を使う、しょうゆとみりんで照り焼きにするなど味つけのバリエはさまざま。お好みの味を探してみて。

ピーラーがあると皮をむきやすい

鍋肌に沿わせて入れると香ばしさアップ

軽く色づいたら裏返して

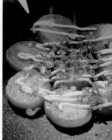

マヨ＆ねぎで居酒屋つまみ風に

ミルフィーユ状にのせて焼くだけ超簡単!
重ねトルティーヤピザ

●材料（1枚分）

フラワートルティーヤ（市販）…2枚
ベーコン（薄切り/ハーフ）…3枚
バジル…6枚
ピザ用チーズ、ピザソース（市販）…各適量

●作り方

1. マルチグリドルパンにトルティーヤ1枚をのせ、ベーコンとチーズをのせる。
2. もう1枚のトルティーヤを重ねてピザソースを塗り、チーズとバジルをのせる。
3. アルミホイルでふたをして弱火で5分ほど熱し、チーズがとけたらできあがり。チーズがとけてなかったら、追加で数分加熱する。

市販の生地を
使うから
めっちゃお手軽!

おうちで作るなら

材料を全部重ねて、オーブントースターで焼いても。表面が焦げそうならアルミホイルをかぶせて。

具材は好みのものに
アレンジしても

重ねることでサク感も
食べ応えもアップ!

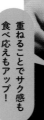

フライパンのふたを
使ってもOK

食べやすいサイズにカット

キャンプでも
パリパリピザが
食べられる！

大人も子どもも大好き！
ツナコーンピザ

● 材料（1枚分）

フラワートルティーヤ（市販）…2枚
ツナ缶（油漬け）…1缶
ピザソース（市販/またはケチャップ）、
　ピザ用チーズ、マヨネーズ、
　ホールコーン缶、パセリ…各適量

● 作り方

1 マルチグリドルパンにトルティーヤ
　1枚をのせ、ピザソースを塗り、汁
　をきったツナとチーズをのせる。

2 もう1枚のトルティーヤを重ねて
　マヨネーズを塗り、コーンとチーズ
　をのせる。

3 アルミホイルでふたをして弱火で5
　分ほど熱し、チーズがとけたらパセ
　リを散らす。

ワインのつまみにぴったり
はちみつと
くるみのピザ

● 材料（1枚分）

フラワートルティーヤ（市販）…2枚
ピザ用チーズ、くるみ、
　シナモンパウダー、はちみつ…各適量

● 作り方

1 マルチグリドルパンにトルティー
　ヤ1枚をのせ、チーズをのせる。

2 もう1枚のトルティーヤを重ねて
　チーズをのせる。くるみを手で割
　りながら散らし、シナモンを振る。

3 アルミホイルでふたをして弱火で
　5分ほど熱し、チーズがとけたら
　はちみつをかける。

● 材料（1枚分）

フラワートルティーヤ（市販）…2枚
焼き鳥缶（しょうゆ味）…1缶
長ねぎ…1本
マヨネーズ、ピザ用チーズ、刻みのり…各適量

● 作り方

1 マルチグリドルパンにトルティーヤ1枚を
のせ、マヨネーズを塗り、チーズをのせる。
2 もう1枚のトルティーヤを重ねてマヨネーズ
を塗り、小口切りにしたねぎを散らす。焼き
鳥と缶汁適量、チーズをのせてアルミホイル
でふたをし、弱火で5分ほど熱する。
3 チーズがとけたら焼きのりを散らす。

ねぎたっぷりがおいしい！

焼き鳥缶の汁もソースとして利用

焼き鳥缶でパパッと

ねぎ照りマヨ トルティーヤ ピザ

コーンクリーム フォンデュ

グルキャンや パーティーで出しても 盛り上がるよ

● **材料（2〜4人分）**

ウインナソーセージ…3本

ホールコーン缶…1缶

バター…1かけ

バゲットの薄切り…1本分

塩、こしょう、パセリ…各適量

A
- 小麦粉…大さじ2
- 牛乳…200㎖
- 水…100㎖
- 顆粒コンソメ…1袋

● **作り方**

1 ウインナは輪切りにする。

2 マルチグリドルパンにバターを熱し、ウインナとコーンをいためる。

3 **A**をふたつきのボトルなどに入れてしっかり振ってまぜ、**2**に加え、まぜながら煮込む。とろみが出てきたら、塩、こしょうで味をととのえる。

4 火を止めてまわりにバゲットを並べ、パセリを散らす。

🏠 **おうちで作るなら**

小さい鍋で作って、チーズフォンデュ風にカセットコンロであたためながらパンをつけて食べるのも楽しい！

さっといためる 程度で大丈夫

小麦粉がダマにならない ようにしっかり振って

深さのあるグリドル だから煮るのも得意！

たっぷりつけてね。 チーズをトッピング するのもあり！

定番サラダをリメイク!

ポテサラチーズ焼き

●材料（1〜2人分）

ポテトサラダ（市販）、 ピザ用チーズ…各適量

●作り方

1 マルチグリドルパンを熱し、チーズをひとつ
かみずつ間隔を空けて置く。

2 チーズの上にポテトサラダを一口分ずつ置く。
上から軽く押さえて平らにする。

3 チーズがとけてこんがりと焼けてきたら裏返
し、同様に焼く。

ポテトサラダは軽く
まとめて置いてね

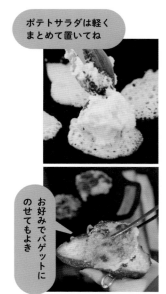

お好みでバゲットに
のせてもよき

●材料（2〜3人分）

りんご…1個
バター…1かけ
砂糖…大さじ3
レモン汁…大さじ1
シナモンパウダー、バゲットの薄切り、
　クリームチーズ…各適量
ミント…適宜

●作り方

1 りんごはいちょう切りにする。
2 マルチグリドルパンにバターを熱し、1を入
　 れていためる。砂糖とレモン汁を加え、りん
　 ごがしんなりとしてきたらシナモンを振る。
3 りんごをいためている間に、まわりにバゲッ
　 トを並べ、軽く焼く。
4 バゲットにクリームチーズを塗って2をのせ、
　 好みでミントを飾る。

りんごが色づくまで
しっかりいためて

グルキャンでみんなで
作っても楽しい！

甘〜い香りもごちそう

りんごとクリチのカナッペ

ミルクが入ってまろやかに
ワンパン牛乳ナポリタン

● 材料（1人分）

スパゲッティ…1束（100g）
水…350ml
牛乳…100ml
ウインナソーセージ…2本
ピーマン…1個
玉ねぎ…1／4個
粉チーズ、パセリ…各適量

A
┌ ケチャップ…大さじ4
│ ウスターソース…大さじ1
│ 砂糖…小さじ1
└ 塩、こしょう…各適量

調味料も一緒に煮込むから味しみバッチリ

● 作り方

1 マルチグリドルパンに水と牛乳を入れて火にかける。

2 ウインナは斜め薄切り、玉ねぎ、ピーマンは薄切りにする。

3 1 が沸騰したらスパゲッティを半分に折って入れ、2 と A を加える。スパゲッティをほぐしながら袋の表示時間を目安に煮る。

4 汁けがなくなってきたら粉チーズとパセリを散らす。

🏠 おうちで作るなら

フライパンで作るなら、底が広め＆深めのものを。フライパンの材質やパスタの太さによって水の蒸発量が変わるので、様子を見ながら水を足すor飛ばして。

加熱中に水分が足りなくなったら水を追加

逆に表示時間どおり煮ても水けが多い場合は強火で水分を飛ばして

具材は家で切って持ってきても

ふきこぼれないように注意

お手軽なのに
本格的な
洋食屋さんの味！

湯きり不要でラクちん
のりバターパスタ

●材料（1人分）

スパゲッティ…1束（100g）
水…300㎖
粉末和風だし…1袋
焼きのり（全形）…2枚
バター…1かけ
しょうゆ…小さじ1
万能ねぎの小口切り…適量

●作り方

1 マルチグリドルパンに水を入れて火にか
け、沸騰したら粉末だし、半分に折った
スパゲッティ、ちぎったのりを入れ、ほ
ぐしながら袋の表示時間を目安に煮る。

2 水けがなくなってきたら火を止め、バ
ター、しょうゆを加えまぜ、万能ねぎを
散らす。

両手で真ん中近くを握って
一気に折るのがコツ

スパゲッティがやわらかく
なる前に水がなくなったら
足してね

● 材料（1人分）

スパゲッティ…1束（100g）
水…300㎖
玉ねぎ…1/4個
ベーコン（薄切り/ハーフ）…3枚
しめじ、塩、こしょう、
　万能ねぎの小口切り…各適量
A ┌ めんつゆ（3倍濃縮）…大さじ1
　└ バター…1かけ

● 作り方

1 マルチグリドルパンに水を入れて火にかける。
2 玉ねぎはくし形切りに、ベーコンは細切りにする。しめじは小房に分ける。
3 沸騰したらスパゲッティを半分に折って入れ、2を加える。ほぐしながら袋の表示時間を目安に煮る。
4 水けがなくなってきたらAを加えまぜる。塩、こしょうで味をととのえ、火を止めて万能ねぎを散らす。

スパゲッティ同士がくっつかないようにほぐしてね

万能ねぎはたっぷりがおいしいよ

シメに食べたい和風味
めんつゆバターパスタ

●材料（1人分）

ショートパスタ…シェラカップ1杯分（100g程度）
水…300㎖
生クリーム…200㎖
ベーコン（薄切り/ハーフ）…5枚
しめじ…1／2パック
粉チーズ…大さじ2
塩、こしょう、パセリ…各適量
バゲットの薄切り…適宜

まんべんなく火が通るように
まぜながらゆでて

●作り方

1 マルチグリドルパンに水を入れて火にかける。
　ベーコンは細切りにする。しめじは小房に分ける。

2 沸騰したらパスタを入れ、まぜながら袋の表示
　時間を目安にゆでる。

3 水けがなくなってきたら生クリーム、ベーコン、
　しめじを入れて軽くいため、粉チーズ、塩、こ
　しょうを入れてまぜる。とろみが出たら火を止
　めてパセリを散らし、好みでバゲットを添える。

パンにのせると
食べやすいよ

パンにのせておつまみ風に
ワンパンクリームパスタ

✳snow peak

うまみたっぷりオイルはパスタソースに

さば缶アヒージョ

● 材料（1人分）

さばの水煮缶…1缶
長ねぎ…1本
にんにく…1かけ
塩、ミニトマト…各適量
オリーブ油…100〜150㎖

● 作り方

1. にんにくは薄切りにする。ねぎは3cm長さに切る。ミニトマトは半分に切る。

2. マルチグリドルパンにさばの水煮を缶汁ごと入れ、1を加える。材料がつかる程度にオリーブ油を注ぎ、火にかける。ふつふつと沸騰してきたら火を弱め、ねぎに火が通るまで煮て、塩で味をととのえる。

ARRANGE

さばトマトパスタ

パスタ100gをゆで、残ったオイルに加え、**チーズ**、**パセリ**各適量を散らせばシメパスタの完成！

59

コーンと大葉の かき揚げ

油の温度は菜箸でチェック。菜箸をぬらして水けをよく拭き、熱した油の中に入れ、細かい泡が立ったら低温（150〜160℃）、少し大きめの泡が立ったら中温（170〜180℃）、たくさんの泡が勢いよく上がったら高温（180〜190℃）を目安に。

揚げ物が終わったら、油が多い場合は固めるタイプの油処理剤で処理。少量の場合はキッチンペーパーやティッシュで拭きとって捨てても。

●材料（2人分）

ホールコーン缶…1缶
大葉のみじん切り…5枚分
顆粒コンソメ…1袋
揚げ油、小麦粉…各適量

JHQの「鉄板マルチグリドル ディープ 29cm」（左）は中心部が深いので、揚げ物向き。少量の揚げ物ならメスティン（右）を使っても。春巻きなど縦長のものを揚げるのに◎。

●作り方

1 ファスナーつき保存袋に大葉、コンソメを入れ、コーンを缶汁ごと加える。全体がねばっとするまで小麦粉を入れ、袋をもんでまぜる。

2 深型のマルチグリドルパンに揚げ油を中温に熱する。**1**の保存袋の角を切って生地を一口分ずつ絞り出しながら入れ、上下を返しながらきつね色になるまで揚げる。キッチンペーパーなどで油をきって器に盛る。

小麦粉が少ないとバラバラになりやすいので注意

粉けが残らないようによくまぜて

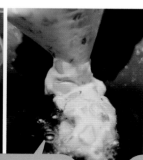

一口分くらいの量を絞り出します

こんがり揚げ色がついたら返してね

青空の下で
揚げたてパクッ！
最高すぎる！

みそマヨソースが隠し味

アスパラチーズの
スティック春巻き

●材料（10本分）

春巻きの皮…10枚
アスパラガス…5本
さけるチーズ…3本
水とき小麦粉…適量

A　みそ…大さじ1
　　マヨネーズ…大さじ2
揚げ油…適量

●作り方

1　アスパラガスは根元を落とし硬い部分はピーラーでむき、半分に切る。チーズは3〜4等分にさく。Aをまぜ、みそマヨソースを作る。

2　春巻きの皮を広げ、中心より手前にアスパラガス、さけるチーズ、みそマヨソースを等分にのせる。手前と両側の皮を内側に折って包み、巻き終わりの角に水とき小麦粉を塗ってとめる。

3　深型のマルチグリドルパンに揚げ油を中温に熱し、2を入れ、全体がきつね色になるまで揚げる。キッチンペーパーなどで油をきる。

隙間ができないようにきつめに巻いて

色づいたらすぐに裏返す。目を離さないで！

●材料（3本分）

春巻きの皮…3枚
スライスチーズ、大葉…各3枚
切りもち…1個
明太マヨネーズ（市販）、
　揚げ油、水とき小麦粉…各適量

●作り方

1 もちは縦に3等分に切る。
2 春巻きの皮を広げ、中心より手前にチーズ、大葉、もち、明太マヨネーズの順に等分にのせる。手前と両側の皮を内側に折って包み、巻き終わりの角に水とき小麦粉を塗ってとめる。
3 深型のマルチグリドルパンに揚げ油を中温に熱し、2を入れる。上下を返しながらきつね色になるまで揚げる。キッチンペーパーなどで油をきる。

手前に具材を置いてくるり

あつあつチーズが飛び出すのでやけど注意

中からもちがとろ〜り

明太マヨもち春巻き

● 材料（1〜2人分）

玉ねぎ…1個
揚げ油…適量

A	小麦粉…大さじ5
	マヨネーズ…大さじ3
	水…50㎖

ゆで卵…2個
砂糖…小さじ1

| B | マヨネーズ…大さじ2 |
| | 塩、こしょう、パセリ
…各適量 |

衣の材料は
しっかりまぜてね

● 作り方

1 玉ねぎを1cm幅の輪切りにし、1つずつほぐす。

2 ファスナーつき保存袋にAを入れ、袋をもんで
まぜる。1を加え、衣をまんべんなくつける。

3 深型のマルチグリドルパンに揚げ油を中温に熱
し、2を入れる。全体がきつね色になるまで揚
げる。キッチンペーパーなどで油をきる。

4 ファスナーつき保存袋にBを入れ、ゆで卵をつ
ぶすように袋をもんでまぜタルタルソースを作
る。袋の角を切って器に絞り出し、3に添える。

色づいたら裏返す。
トングがあると便利

タルタルソースで食べ応えアップ
オニオンリング

外はサクッ、中はホクホク

フライド長いも

●材料（1〜2人分）

長いも…15cm程度
片栗粉、揚げ油、塩、こしょう、青のり…各適量
マヨネーズ…適宜

●作り方

1 長いもは縦半分に切り、1cm角程度の棒状に切る。袋に片栗粉とともに入れてまぶしつける。

2 深型のマルチグリドルパンに揚げ油を中温に熱し、**1**を入れる。全体がきつね色になるまで揚げる。キッチンペーパーなどで油をきって器に盛る。

3 塩、こしょう、青のりを振り、好みでマヨネーズを添える。

ビニール手袋を装着すると
手がかゆくならないよ

ふたつき容器に入れて
シャカシャカすると味が
まんべんなくつきます

65

PART 2

メスティンを使って

この章で使う調理道具

メスティン

ごはん＆
蒸しもの

アルミ製のかわいい飯ごう「メスティン」。自動炊飯をマスターすれば、
ほったらかしでいろいろなごはんメニューを作れます。
さらにメスティンは、網をセットすることで蒸し器に変身！
キャンプ場で蒸したての料理を食べられるなんて。ああ幸せ♡

メスティン+固形燃料で！
失敗知らず自動炊飯

● **きほんの炊飯方法** （メスティン1個で1合分）

START
米…1合（180㎖）
水…200㎖

2 ふたをして炊く
固形燃料ストーブにセットし、着火。
燃料が1個燃え尽きたら炊きあが
り！（じか火やバーナーなどの場合
は弱火で15〜20分を目安に）。

1 米を入れて30分吸水
洗った米、水を入れる（無洗米
の場合水は大さじ1強追加）。
炊き込みごはんにするときは吸
水後、調味料をまぜ、具をのせる。

3 蒸らす
メスティンを巾着などに入
れるか、タオルに包んで、
10分蒸らす。

ARRANGE ごはんが進みまくり！

食べるラー油で目玉焼き丼

●材料（1人分）

食べるラー油（市販）…大さじ2
卵…2個
ウインナソーセージ…3本
あたたかいごはん、塩、こしょう
　…各適量
しょうゆ…適宜

●作り方

1 フライパンに食べるラー油を入れて熱し、その上に卵を割り入れ、目玉焼きを作る。

2 ウインナは表面に浅い切り目を数本入れ、フライパンの空いている場所で焼き、焼き目がついたら塩、こしょうを振る。

3 ごはんを器に盛り、目玉焼き、ウインナをのせ、好みでしょうゆをかける。

白いごはんはアレンジ自在。「鶏もも肉のポン酢焼き」（P40）や「ワンパンえびチリ」（P42）をのせて丼にしてもおいしい！

ホカ
ホカ

完成！

POINT

固形燃料を使うと失敗なし

固形燃料は100円ショップやネット通販で手軽に購入できる。火加減を調節したり時間を計らなくても失敗なく炊けちゃう優れモノ！固形燃料の台も100円ショップやネットで安価で手に入る。

ほんのり韓国っぽ風味
コグマ炊き込みごはん

●材料（1合分）

米（洗って水けをきる）…1合
水…180㎖
さつまいも（小）…1/2個
鶏こま切れ肉…80g
黒ごま…適量

A ┌ 牛スープの素（ダシダ）
  │   …小さじ1
  │ 酒、みりん、しょうゆ
  └   …各大さじ1

●作り方

1 メスティンに米、水を入れ、30分ほど浸水させる。

2 さつまいもは1.5㎝の角切りにする。

3 1にAを入れて軽くまぜ、さつまいもと鶏肉をのせてさっとほぐし、ふたをして炊く。

4 炊きあがったら10分蒸らし、黒ごまを散らす。

野菜もお肉も全部入れ！
ビビンバ風炊き込みごはん

●材料（1合分）

米（洗って水けをきる）…1合
水…200㎖
牛薄切り肉…80〜90g
にんじん…1/4本
ニラ…2本
豆もやし…1/4袋
卵黄…1個分

A ┌ 焼肉のたれ…大さじ1
  │ コチュジャン…小さじ2
  └ おろしにんにく…小さじ1

B ┌ 鶏ガラスープの素、
  └   コチュジャン…各小さじ1

●作り方

1 メスティンに米、水を入れ、30分ほど浸水させる。

2 牛肉は食べやすい大きさに、ニラは4㎝長さに切る。にんじんはせん切りにする。ファスナーつき保存袋にA、牛肉、ニラ、にんじん、豆もやしを入れ、袋をもんでまぜる。

3 1にBを入れて軽くまぜ、2を上に広げ、ふたをして炊く。

4 炊きあがったら10分蒸らし、真ん中に卵黄をのせる。

おいものホロホロ食感を楽しんで
山芋と豚バラの炊き込みごはん

●材料（1合分）

米（洗って水けをきる）…1合
水…180㎖
山芋…10㎝程度
豚バラ薄切り肉…50g
万能ねぎの小口切り…適量

A ┌ しょうゆ、みりん…各大さじ1
  │ 酒、粉末和風だし…各小さじ1
  └ 塩…ひとつまみ

●作り方

1 メスティンに米、水を入れ、30分ほど浸水させる。

2 山芋は角切りにする。豚肉は食べやすい大きさに切る。

3 1にAを入れて軽くまぜ、2をのせてさっとほぐし、ふたをして炊く。

4 炊きあがったら10分蒸らし、万能ねぎを散らす。

牛スープの素がなければ、
鶏ガラスープの素や和風
だしでもOK

余った卵白はといてごはんと
一緒に炊くと無駄ナシ

おうちの炊飯器で炊くときは、
分量の調味料を入れてから
1合の目盛りまで水を入れてね

71

おなかの中からぽっかぽか
焼き鳥缶としょうがの炊き込みごはん

●材料（1合分）

米（洗って水けをきる）…1合
水…180㎖
焼き鳥缶（しょうゆ）
　…1缶
しょうが…1/2かけ
にんじん…1/4本
しめじ、万能ねぎの小口切り
　…各適量

Ⓐ しょうゆ、みりん、酒
　…各大さじ1

●作り方

1 メスティンに米、水を入れ、30分ほど浸水させる。

2 しょうがとにんじんは細切りにする。

3 1にⒶを入れて軽くまぜ、2、缶汁をきった焼き鳥、しめじをのせてさっとほぐし、ふたをして炊く。

4 炊きあがったら10分蒸らし、万能ねぎを散らす。

うまみがごはんにしみしみ♪
ツナキムチ炊き込みごはん

●材料（1合分）

米（洗って水けをきる）…1合
水…180㎖
ツナ缶（油漬け）…1缶
キムチ、ごま油、
　万能ねぎの小口切り…各適量
Ⓐ 酒、しょうゆ…各大さじ1
　鶏ガラスープの素…小さじ1

●作り方

1 メスティンに米、水を入れ、30分ほど浸水させる。

2 Ⓐを入れて軽くまぜ、ツナを缶汁ごと加え、キムチをのせてさっとほぐし、ふたをして炊く。

3 炊きあがったら10分蒸らし、ごま油をかけ、万能ねぎを散らす。

余りがちな佃煮を活用
のりの佃煮炊き込みごはん

●材料（1合分）

米（洗って水けをきる）…1合
水…200㎖
たら、たいなどの
　白身魚（切り身）…1切れ
万能ねぎの小口切り…適量
Ⓐ のりの佃煮…大さじ1
　しょうがのせん切り…適量
　塩…小さじ1/2
　酒…大さじ1

●作り方

1 メスティンに米、水を入れ、30分ほど浸水させる。

2 Ⓐを入れて軽くまぜ、白身魚をのせ、ふたをして炊く。

3 炊きあがったら10分蒸らし、万能ねぎを散らす。

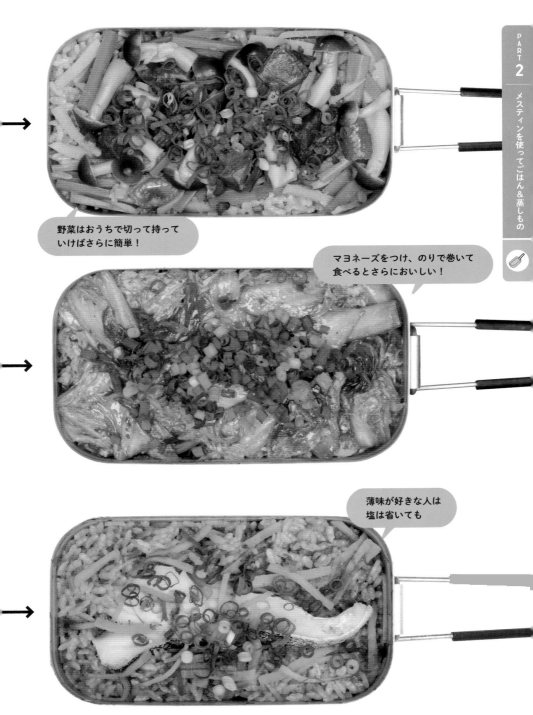

野菜はおうちで切って持って
いけばさらに簡単！

マヨネーズをつけ、のりで巻いて
食べるとさらにおいしい！

薄味が好きな人は
塩は省いても

脂のうまみを吸ったなすが絶品！

豚バラとなすの ミルフィーユ蒸し

ふんわり湯気も
ごちそう！

● 材料（1〜2人分）

なす… 1 本
豚バラ薄切り肉…150〜200g
大葉、塩、こしょう、
　ポン酢しょうゆ…各適量

● 作り方

1. なすは薄切りにし、豚肉は食べやすい大きさに切る。
2. メスティンに網を入れ、網の高さの少し下まで水を注ぐ。
3. なす、豚肉、大葉の順に数回重ねて網の上に並べ、塩、こしょうを振る。ふたをして水がなくなるまで蒸す。
4. 豚肉に火が通ったらできあがり。ポン酢をつけて食べる。

🏠 おうちで作るなら

蒸し器がなければ電子レンジでも。耐熱皿に重ねた豚となす、大葉をずらしながら並べ、酒大さじ1を振り、ラップをして4〜5分。

あとは火に
かけるだけ！

なすと同じくらいの
大きさにカット

ポン酢でさっぱり
いただきます♪

蒸すとかさが減るのでぎゅっと詰めて

蒸すことで
余分な脂が落ちて
ヘルシーに

さわやかな香りをまとわせて
さけとレモンのホイル蒸し

●材料（1〜2人分）

塩ざけ（甘塩/切り身）…1切れ
レモンの薄切り…3枚
バター…1かけ
ポン酢しょうゆ、しめじ、
　塩、こしょう…各適量

●作り方

1. アルミホイルを2枚重ねて広げ、しめじ、塩ざけをのせ、塩、こしょうを振る。レモンとバターをのせ、ポン酢をかけて包む。
2. メスティンに網を入れ、網の高さの少し下まで水を注ぐ。
3. 1を入れてふたをし、水がなくなるまで蒸す。

さっぱりレモンとコクのあるバターをプラス

ホイルで包めば調味料やバターがしっかり絡みます

● 材料（1〜2人分）

豚肉（しゃぶしゃぶ用）… 7〜8枚

もやし… 1袋

塩、こしょう、かいわれ大根…各適量

A
白だし…大さじ1
水…大さじ2
ごま油…小さじ1

● 作り方

1 メスティン（ラージ）に網を入れ、網の高さの少し下まで水を注ぐ。

2 もやしを入れ、上に豚肉を並べ、塩、こしょうを振る。ふたをして5分ほど蒸す。

3 肉に火が通ったらかいわれ大根をのせ、A をまぜ合わせたたれを添える。

あれば網の上にレタスや白菜を敷くと、もやしの落下防止に

白だしベースのたれと豚の相性バッチリ！

もやし1袋分もペロリ

蒸し豚もやし

道具ゼロでも楽しめる 焚き火メニュー

調理道具がないから料理しない？　そんなのもったいない！
まずはキャンプ名物・焚き火を活用して簡単料理にトライしてみて。

焼くだけで絶品つまみに
焚き火で焼きそら豆

● 材料（作りやすい分量）

そら豆、塩…各適量

● 作り方

1. 焚き火台で薪に火をつけて燃やし、熾火（おきび）の状態にする。
2. 五徳にそら豆を置いて焼く。全体に焦げ目がついたら裏返し、同様に焼く。
3. 実をとり出し、薄皮をむいて塩をつけながら食べる。

おうちで作るなら

おうちでも魚焼きグリルで丸焼きが可能。さやのまま並べて上下を返しながら10〜12分ほど焼けばできあがり！

POINT ▷ 熾火の作り方

熾火の温度は600〜700℃。炎が上がっていないので食材を焦がすことなく、遠赤外線効果でムラなく火を通すことができます

薪を組み、着火材や細い枝など火がつきやすいものをのせ、火をつける。

炎が大きくなったらそのまま燃やし、火が収まるのを待つ。

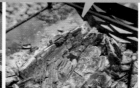

炎が落ち着いて薪の芯の部分が赤くなったら「熾火」の状態。

気温や薪の状態などにより焼き時間は変わってくるので、様子を見ながら調整してね

なし

ひと工夫で蒸し焼き状態に
ホイルで焼き里芋

● **材料（作りやすい分量）**

里芋、塩、マヨネーズ…各適量

● **作り方**

1. 里芋をキッチンペーパーまたは新聞紙で包み、水でぬらす。
2. 2〜3枚重ねたアルミホイルで**1**を包み、熾火（おきび）状態の焚き火の中に入れて15〜20分、時々返しながら焼く。
3. 里芋にようじを刺してすっと通ったら皮をむき、塩やマヨネーズをつけて食べる。

ほくほくの食感に驚くはず
丸ごとにんにく焼き

● **材料（作りやすい分量）**

にんにく…1個
バター…1かけ
バジルソース（市販）…適量

● **作り方**

1. にんにくの上部を切り、隙間にバジルソースを入れ、バターをのせる。
2. 2〜3枚重ねたアルミホイルで**1**を包み、熾火（おきび）状態の焚き火の中に入れて15〜20分焼く。

バター＆しょうゆや、ごま油＆塩で味つけしてもおいしいよ

79

PART 3

冷えたからだにしみる

煮込み料理 &キャンプ鍋

鍋　フライパン
スキレット

寒い日に食べたくなるのが、煮込みや鍋などのほかほかメニュー。
グツグツ煮込んで、ハフハフ言いながら頬張れば、
いつの間にか心も体もあったまっているはずです。
おまけに簡単&お酒が進むつまみレシピも収録。

お肉やわらか、味しみしっかり！

スペアリブのしょうゆ煮

● 材料（2〜3人分）

豚スペアリブ…500g

| A |
- しょうゆ…大さじ3
- 酒…大さじ3
- みりん、はちみつ、酢…各大さじ1
- 砂糖、おろししょうが…各小さじ1
- おろしにんにく…小さじ2

はちみつ効果で
お肉ふっくら！

● 作り方

1. スペアリブの表面にナイフを数か所刺して穴をあける。
2. ファスナーつき保存袋に A を入れてまぜ、たれを作る。 1 を入れて空気を抜き、クーラーボックスまたは冷蔵庫で3時間ほど漬け込む。
3. フライパンを熱し、汁けをきったスペアリブを並べ、両面弱火で軽く焼く。
4. 残ったたれを加えて少しずらしてふたをし、弱火にして時々肉を返しながら30分ほど煮る。

🏠 おうちで作るなら

煮物はゆっくり冷ますことで味がよ〜くしみ込みます。おうちで時間があればふたをしたままじっくり冷まして。

穴をあけると味が
しっかりしみ込みます

ここまでおうちでやっておくと
しっかり漬け込める上、ラク

つけ汁を余すことなく
使って、煮汁に

途中で上下を返し
ながら煮込んでね

ガブッと
かぶりつくと
煮汁がじゅわ〜

うまみたっぷり！ シメまでおいしい！

ねぎ牛しゃぶ

●材料（1〜2人分）

牛肉（しゃぶしゃぶ用）…170〜200g

長ねぎ…2本

A ポン酢しょうゆ、ごま油…各適量

B ┌ 白だし…大さじ3
  水…400㎖
  └ しょうゆ、酒…各大さじ1

●作り方

1 ねぎはせん切りにする。

2 **A**をまぜ合わせてたれを作る。

3 鍋に**B**を入れて熱し、ねぎを入れる。牛肉をさっとくぐらせて火を通し、ねぎを包んで**2**につけて食べる。

ARRANGE シメの雑炊

スープに残ったアクをとり、**ごはん**適量と**とき卵**1個分を入れて**万能ねぎ**適量を散らせば、シメの雑炊が完成♪

おうちで作るなら

おうち鍋なら具材を増やして豪華にしても。きのこや水菜、ピーラーで薄くスライスした大根などがおすすめ。

スープの時点でうまみたっぷり

ねぎをどさっと入れて

お肉をしゃぶしゃぶ〜

そのまま食べても、たれにつけてもおいしいよ

うまうまスープを
最後の一滴まで
味わえる雑炊

飲んだ後にぴったりのやさしい味

かき玉トマトラーメン

●**材料（1 人分）**

塩ラーメン（インスタント）…1 袋
水…袋の指定量
卵、トマト…各 1 個
ごま油…適量

あっさりしてるから
夜食にも*good*！

●**作り方**

1. トマトは大きめの角切りにする。
2. 鍋に水を入れて沸かし、麺を袋の表示時間どおりにゆで、付属の調味料を入れる。
3. 卵をといて回し入れ、固まったらトマトを加える。
4. 火から下ろし、ごま油を入れて付属の切りごまを散らす。

🏠 **おうちで作るなら**

鍋で作ってとき卵を入れる前に水とき片栗粉でとろみをつけると、あんかけラーメン風に。ずっとあつあつのまま食べられます。

写真は「サッポロ一番
塩らーめん」を使用

とき卵は少しずつ回し
ながら入れるのがコツ

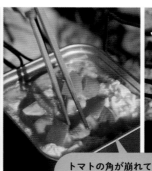

トマトの角が崩れて
やわらかくなったら完成

好みで七味や
ラー油をかけても

おなじみの
塩ラーメンも
アレンジで新鮮に

心も体もあったまる～

ごま油香る
水餃子スープ

お腹の空き具合で水餃子
の数を調整してください

風味が飛ばないように、
ごま油は最後にIN

●材料（2人分）

水餃子（冷凍）
　長ねぎの小口切り…2本分
とき卵…1個分
水…400㎖

A しょうゆ、オイスターソース…各小さじ1
　鶏ガラスープの素…大さじ1

●作り方

1 鍋に水を入れて沸かし、Aを入れる。
2 水餃子とねぎを入れ、再び沸騰したら
　とき卵を回し入れる。
3 ごま油を回しかける。

● **材料（２人分）**

玉ねぎ…２個

水…900㎖

顆粒コンソメ…３袋（約14ｇ）

塩、こしょう、粉チーズ、パセリ…各適量

● **作り方**

1. 玉ねぎは上下を切り落とし、６等分に切り込みを入れる。
2. 鍋に水、コンソメ、玉ねぎを入れて火にかけ、ふたをして弱〜中火で20分ほど煮込み、塩、こしょうで味をととのえる。
3. 器に盛り、粉チーズとパセリを振る。

深さ半分くらいまで切り込みを

粉チーズは多めがおいしいよ

コトコト煮るだけでごちそうに

丸ごと玉ねぎスープ

みそ風味でごはんとの相性最高！

和風さば缶カレー

● 材料（2人分）

さばのみそ煮缶…1缶
玉ねぎ…1個
バター…1かけ
水…300㎖
粉末和風だし…小さじ1
カレールウ…2かけ
あたたかいごはん…適量
パセリ…適宜

● 作り方

1. 玉ねぎは薄切りにする。
2. 鍋にバターを熱し、玉ねぎをいためる。しんなりしてきたらさばのみそ煮を缶汁ごと入れ、水、粉末だしを加え、さばを崩しながらまぜる。
3. 煮立ったらカレールウをとかし、まぜながらとろみがつくまで煮る。
4. 器にごはんを盛ってカレーをかけ、好みでパセリを散らす。

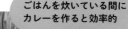

ごはんを炊いている間にカレーを作ると効率的

缶汁ごとドバッと入れて

具材に火が通っているから煮込むのは短くてOK

シェラカップでごはんを盛るとかわいいよ

1人分を作りたい場合はさば缶以外の材料を半量に

🏠 おうちで作るなら

耐熱皿に薄切りにした玉ねぎを入れ、ラップをして電子レンジで3分ほど加熱すると、しんなり。炒め時間を短縮できます。

みその効果で
煮込まなくても
コクのある味に

寒い日にハフハフ食べたい
チキントマトグラタン

●材料（2人分）

鶏もも肉…100g
玉ねぎの薄切り…
　1／2個分
トマトの角切り…
　1個分
バター…2かけ
マカロニ…50g

塩、こしょう、
　ピザ用チーズ、パセリ
　…各適量
A ┌ 牛乳…300㎖
　├ コンソメ…大さじ1／2
　└ 小麦粉…大さじ3

炭が滑り落ちない
平らなふたを
使ってね

●作り方

1. マカロニは袋の表示どおりに塩ゆでする。鶏肉は一口大に切る。
2. スキレットを熱し、バターと鶏肉を入れていためる。色が変わったら玉ねぎ、トマトを加え、しんなりするまでいためる。
3. Aをふたつきのボトルなどに入れて振ってまぜ、2に加え、まぜながら煮込む。
4. とろみがついたらマカロニ、塩、こしょうを入れてまぜ、チーズをのせて弱火にし、ふたをする。チーズがとけるまで5分ほど熱し、パセリを散らす。

🏠 おうちで作るなら

ソースにチーズをのせたら、後はオーブントースターにおまかせ。10分ほど焼いて焦げ目がついたら完成です。

マカロニはおうちで
ゆでておくと時短に

ソースの材料は
よく振ってまぜてね

鶏肉が白っぽく
なったら野菜をIN

ふたに熾火状態の炭をのせるか、
ただふたをしてチーズをとかしても

炭の熱パワーで
オーブンなしでも
チーズがとろり

ルウなしでもクリーミー♡
ほくほくかぼちゃシチュー

ごはんにかけても
おいしいよ

● 材料（2人分）

かぼちゃ…1/8個

にんじん…1/2本

玉ねぎ…1/2個

鶏もも肉…200g

バター…1かけ

塩、こしょう、パセリ、

　好みのパン…各適量

A
- 小麦粉…大さじ3
- 牛乳…300㎖
- 水…200㎖
- 顆粒コンソメ…2袋（約9g）

🏠 おうちで作るなら

火が通りにくいかぼちゃとにんじんは電子レンジで2分ほど加熱してから入れると早く煮えます。

● 作り方

1 かぼちゃ、にんじんは一口大に切り、玉ねぎはくし形切りにする。鶏肉は食べやすい大きさに切る。

2 鍋にバターを熱し、鶏肉をいためる。色が変わったら野菜を全部入れ、玉ねぎがしんなりしたら、塩、こしょうを振る。

3 **A**をふたつきのボトルなどに入れ、しっかり振ってまぜる。

4 **3**を鍋に入れ、まぜながら煮込み、とろみがついてきたら塩、こしょうで味をととのえる。器に盛ってパセリを散らし、パンを添える。

具材は家で切って持参すればさらに時短に

カット済みの鶏肉を使ってもOK

口の広いナルゲンボトルやシェイカーがまぜやすくておすすめ。おうちであらかじめ入れてきても

グツグツ煮込む時間も幸せ♪

秋冬キャンプで
食べたいほかほか
煮込み料理

チーズあつあつ！やけどに注意

餃子の皮で大葉チーズ包み

● 材料（1～2人分）

餃子の皮（市販/大判）… 4 枚
大葉… 4 枚
ベビーチーズ… 4 個
ごま油…大さじ 1

● 作り方

1 餃子の皮 1 枚に、大葉 1 枚、ベビーチーズ 1 個を順にのせ、餃子の皮の縁に水をつけて包む。同様に包み、計 4 個作る。

2 フライパンなどにごま油を熱し、**1** を並べる。焼き色がついたら裏返し、反対も焼き色がつくまで焼く。

左右から具材を包むように折りたたんで

上下も折りたたんでとめます

レモン香るおしゃれつまみ
えびとアボカドの
バジルソースいため

●材料（1〜2人分）
むきえび（冷凍）…150〜200g
アボカド…1個
バター…1かけ
レモン…1/4個
バジルソース（市販）…大さじ1

●作り方
1 えびを解凍し、アボカドを食べやすい大きさに切る。
2 フライパンにバターを熱し、えびをいためる。火が通ったらアボカド、バジルソースを入れ、さっといためる。
3 器に盛り、レモンを絞ってかける。

簡単なのに映え力抜群！
スパニッシュ
オムレツ

●材料（1〜2人分）
とき卵…3個分
バター…1かけ
じゃがいも、玉ねぎ
　…1/4個
ベーコン…2〜3枚
ミニトマト…3個
ピザ用チーズ、パセリ
　…各適量
A┌ 顆粒コンソメ
　│　…小さじ2
　└ 塩、こしょう
　　…各適量

●作り方
1 じゃがいも、ベーコンは細切り、玉ねぎはみじん切りにする。
2 フライパンにバターを熱し、1を入れていため、Aをまぜる。卵を入れ、チーズ、半分に切ったミニトマトをのせ、ふたをして弱火で5分焼き、パセリを散らす。

ホットサンドメーカーで
断面カリッ
ちくわチーズ焼き

●材料（1〜2人分）

ちくわ…4本
さけるチーズ…1本
焼肉のたれ、いり白ごま…各適量

●作り方

1 さけるチーズを4等分に割き、ちくわの穴に詰める。長さ4等分に切る。

2 ホットサンドメーカーに入れてふたをし、両面焼く。

3 両面に焼き色がついたら、焼肉のたれをかけてごまを散らす。

ワインにも合う！
バジルチーズ
しいたけステーキ

●材料（1人分）

ジャンボしいたけ…1個
バター…1かけ
バジルソース（市販）、
　ピザ用チーズ、パセリ…各適量

●作り方

1 しいたけの軸を切り落とし、かさに十字の切り込みを入れる。

2 ホットサンドメーカーにバター1/2かけを熱し、かさの内側を下にして入れ、ふたをして焼く。

3 焼き色がついたら裏返し、残りのバターとバジルソース、チーズをのせて焼き、パセリを振る。

うまだれじゅわっ
ピリ辛豆腐ステーキ

● 材料（1～2人分）
豆腐（木綿）…1丁
小麦粉、いり白ごま…各適量
ごま油…大さじ1～2

A
しょうゆ、砂糖、酒…各大さじ1
酢…小さじ1
豆板醤（トウバンジャン）…小さじ1/2

● 作り方
1 豆腐は食べやすい大きさに切る。
2 ファスナーつき保存袋に小麦粉と豆腐を入れて軽く振り、豆腐にまんべんなく小麦粉をつける。
3 フライパンにごま油を熱し、2を入れて両面に焼き目がつくまで焼く。
4 まぜ合わせたAをかけて全体に絡め、ごまを振る。

磯の風味がふわり
さきいかのり天

● 材料（1～2人分分）
焼きのり（全形）…1枚
さきいか…20g
小麦粉、水…各大さじ3
揚げ油、塩…各適量

● 作り方
1 小麦粉と水をまぜ合わせる。細かく刻んださきいかを加えてまぜ、タネを作る。
2 焼きのりは一口大に切る。
3 マルチグリドルパンに揚げ油を中温に熱する。2の片面にタネをつけ、タネの側を下にして油に入れ、きつね色になるまで揚げる。
4 キッチンペーパーなどで油をきって器に盛り、塩を振る。

即食べられる 火を使わないメニュー

火おこしは時間がかかるし、暑い日は火を使うのがきついことも。
そんなときでもすぐに作って食べられるレシピを集めてみました。

豆腐はお好みのものを。
絹ごしや充填豆腐だと
つるんとした喉ごしに

5分で作れる華やか前菜
洋風冷や奴

●材料（1〜2人分）

豆腐…1パック（150g）
トマト…1個
プロセスチーズ…1個
オリーブ油、塩、こしょう、パセリ
　　　…各適量

●作り方

1 トマトとチーズは角切りにする。

2 器に豆腐を盛り、1をのせる。オリーブ油をかけて塩、こしょうで調味し、パセリを散らす。

ごま油が味の決め手！
白だしの漬物

●材料（作りやすい分量）

きゅうり、にんじん、パプリカ、白だし
　　　…各適量
ごま油…大さじ1〜2

●作り方

1 きゅうりは斜め薄切り、にんじん、パプリカは細切りにする。

2 ファスナーつき保存袋に1を入れ、野菜がつかる程度に白だしを注ぎ、ごま油を加えて袋の外側から軽くもむ。クーラーボックスで30分ほどおく。

野菜はお好みのもので
OK。家で野菜を切って
行けば他の料理の準備中に
味しみが完了します

うどんは水でほぐすだけで食べられるゆでうどんを使用。ゆでたそうめんやこんにゃくめんで作っても◎

冷麺風うどん

●材料（1人分）

うどん（別ゆで不要タイプ）…1玉
煮卵（市販）…1個
氷、サラダチキン、キムチ、
　かいわれ大根、いり白ごま…各適量

A
「酢…大さじ4
白だし、しょうゆ…各大さじ1
ごま油…小さじ1

●作り方

1 器にAをまぜ合わせてつゆを作る。
2 1にうどんと氷を入れ、軽くまぜる。
3 薄切りにしたサラダチキン、半分に切った煮卵、キムチ、かいわれ大根をのせ、ごまを振る。

きゅうりとトマトの塩昆布あえ

●材料（1〜2人分）

きゅうり…1本
トマト…1個
大葉…5枚

A
「塩昆布…大さじ2
ごま油、いり白ごま…各大さじ1
白だし…小さじ1

●作り方

1 きゅうりは横4等分に切り、包丁の腹を押し当ててひびを入れ、四つ割りにする。トマトは一口大に切り、大葉はせん切りにする。
2 1とAをボウルに入れ、全体をまぜ合わせる。

まぜるだけだから簡単！きゅうりにひびを入れると味がしみ込みやすくなります

ホットサンドメーカー大活用！

この章で使う調理道具
ホットサンドメーカー

サンド＆蒸し焼きレシピ

おやつでも朝食でも。キャンプ場で食べるサンドは格別のおいしさ。
しょっぱい系から甘い系までいろいろなバリエを一挙公開します。
さらにホットサンドメーカーで作れるパイメニューやつまみも！
ふたを生かした蒸し焼きレシピもご紹介しています。

B＝バジル、T＝トマト、B＝ベーコン

BTBホットサンド

●材料（1〜2人分）

食パン…2枚（6枚切り）
ベーコン（薄切り/ハーフ）…3枚
ミニトマト…5個
バジルソース（市販）、ピザ用チーズ…各適量

●作り方

1 食パン2枚にバジルソースを塗る。片方のパンをホットサンドメーカーに置き、ベーコンをのせる。真ん中にミニトマト1個を、残りの4個を角に向かってのせ、チーズをのせる。

2 もう1枚のパンではさみ両面に焼き色がつくまで焼き、斜め半分に切る。

さーやんの愛用ホットサンドメーカー

バウルー
「サンドイッチ
トースター・シングル」
具材がつぶれず、断面
がきれいに仕上がる！

IWANO
「ホットサンドメーカーFT」
パンの耳をしっかり閉じるタイプ。ふたが分離するのでミニフライパンとしても使用可。

4w1h
「ホットサンドソロ」
食パン1枚で具材を包み込むニュータイプ。

POINT

具材は断面を意識して配置

斜め半分にカットする場合は、対角線上に具材を並べて。具材の厚い部分が包丁で切る線上にくるように配置します。

横半分にカットする場合は、真ん中の線上に具材を並べて。少しずつずらしながら重ねるとおしゃれな断面に（P110「新じゃがベーコンホットサンド」）

ソースを塗って具材の水分がパンにしみるのを予防

ホットサンドメーカーにパンと具材をセット

もう1枚のパンを重ね、ふたをします

途中で焼き色を見ながら両面を数分ずつ焼いて完成！

いい断面！
大成功！

エルヴィスの思い出の味
エルヴィス
ホットサンド

●材料（1〜2人分）

食パン…2枚
バナナ…1本
ベーコン（薄切り）…5枚
ピーナッツバター…適量

●作り方

1. ホットサンドメーカーを熱し、ベーコンをお好みの加減に焼いて取り出す。バナナは輪切りにする。
2. 食パン1枚にピーナッツバターを塗ってホットサンドメーカーに置き、バナナを少しずつずらしながら縦に並べ、ベーコンを横に並べる。
3. もう1枚のパンではさみ両面を焼き、縦半分に切る。

ひき肉ぎっしり大満足！
ミートズッキーニ
ホットサンド

●材料（1〜2人分）

食パン…2枚	**ケチャップ**…大さじ2
豚ひき肉…100g	**A**
バター…1かけ	**中濃ソース**…小さじ1
玉ねぎ…1/4個	
ズッキーニ…1/2本	**スライスチーズ**…1枚

●作り方

1. ホットサンドメーカーにバターを熱し、豚ひき肉をいためる。色が変わったらみじん切りにした玉ねぎを加え、**A**で調味してとり出す。
2. 食パンをホットサンドメーカーに置き、**1**、スライスチーズ、薄切りにしたズッキーニをのせる。
3. もう1枚のパンではさみ両面を焼き、半分に切る。

●材料（1〜2人分）

食パン…2枚
鶏もも肉（小）…1枚
　　レタス、オリーブ油、マヨネーズ…各適量
Ⓐ　砂糖、しょうゆ、酒、みりん…各大さじ1

●作り方

1　鶏肉の表面にナイフを数か所刺して穴をあける。
2　フライパンにオリーブ油を熱し、鶏肉の皮目を下にして入れる。皮がパリッとしてきたら裏返し、余分な脂をキッチンペーパーで拭きとる。
3　Ⓐをまぜ合わせてたれを作る。2に加えてふたをし、途中で鶏肉を返してたれを絡めながら弱火で5分ほど蒸し焼きにする。火が通ったら食べやすい大きさに切る。
4　食パンにフライパンに残ったたれを塗る。1枚をホットサンドメーカーに置き、レタス、3をのせ、マヨネーズをかける。
5　もう1枚のパンではさみ両面を焼き、半分に切る。

皮はパリパリ、中はジューシー！

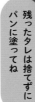
残ったタレは捨てずにパンに塗ってね

甘辛だれ×
マヨ×鶏＝優勝！
照りマヨ
チキンのホットサンド

107

食べ応えも断面美も💯

焼肉アボカド
ホットサンド

●材料（1～2人分）

食パン…2枚　**アボカド**…1/2個
牛こま肉…　**焼肉のたれ、マヨネーズ**
　80g　　　…各適量
卵…1個

●作り方

1. 牛肉をいため（分離式ホットサンドメーカーがおすすめ）、焼肉のたれで調味する。次に目玉焼きを焼く。
2. ホットサンドメーカーに食パンを置き、焼肉を広げてマヨネーズをかけ、目玉焼き、薄切りにしたアボカドをのせる。
3. もう1枚のパンではさみ両面を焼き、斜め半分に切る。

レトルトを使ってお手軽に

目玉焼きハンバーグ
ホットサンド

●材料（1～2人分）

食パン…2枚　　**卵**…1個
レトルトハンバーグ…1個
スライスチーズ（チェダー）…1枚
塩、こしょう…各適量

●作り方

1. レトルトハンバーグをあたためる。
2. ホットサンドメーカーを熱して目玉焼きを作り、塩、こしょうを振る。
3. ホットサンドメーカーに食パンを置き、ハンバーグ、チェダーチーズ、目玉焼きをのせる。もう1枚のパンにハンバーグのたれを塗ってはさみ両面を焼き、斜め半分に切る。

粒マスタードの酸味が味の決め手
粒マスタードの
コンビーフサンド

●**材料（1〜2人分）**
食パン…2枚
アボカド…1/2個
コンビーフ…1缶
マヨネーズ、粒マスタード…各適量

●**作り方**
1 食パン2枚にマヨネーズと粒マスタードを塗る。ホットサンドメーカーに1枚を置き、ほぐしたコンビーフ、薄切りにしたアボカドをのせる。
2 もう1枚のパンではさみ両面を焼き、半分に切る。

間違いなし！ の組み合わせ
ツナコーンチーズ
ホットサンド

●**材料（1〜2人分）**
食パン…2枚
ピザ用チーズ…適量
A ┌**ツナ缶（油漬け）**…1缶
 │**ホールコーン缶**…50g
 │**マヨネーズ**…大さじ1
 └**ケチャップ**…大さじ1/2

●**作り方**
1 Aはまぜ合わせる。
2 ホットサンドメーカーに食パン1枚を置き、1とチーズをのせる。
3 もう1枚のパンではさみ両面を焼き、斜め半分に切る。

109

ガッツリ食べたい
タルタルメンチ
ホットサンド

●材料（1〜2人分）

食パン…2枚　　**メンチカツ**…1〜2個
レタス、中濃ソース…各適量
A┌ **ゆで卵**…2個　　**砂糖**…小さじ1
　　├ **マヨネーズ**…大さじ2
　　└ **パセリ、塩、こしょう**…各適量

●作り方

1 ファスナーつき保存袋に**A**を入れて
　もんでまぜ、タルタルソースを作る。

2 ホットサンドメーカーに食パン1枚
　を置き、レタス、タルタルソース、
　メンチカツをのせる。もう1枚のパ
　ンにソースを塗ってはさむ。

3 両面を焼き、斜め半分に切る。

ベーコンの塩気がアクセント
新じゃがベーコン
ホットサンド

●材料（1〜2人分）

食パン…2枚　　**ベーコン（厚切り）**…3枚
新じゃがいも…1個
粒マスタード、マヨネーズ…各適量

●作り方

1 ホットサンドメーカーを熱してベー
　コンを両面焼き、とり出す。

2 じゃがいもを皮つきのまま薄切りに
　する。ホットサンドメーカーで蒸し
　焼きにしてとり出す。

3 食パン1枚に粒マスタードを塗って
　ホットサンドメーカーに置き、**1**、
　2をのせてマヨネーズをかける。

4 もう1枚のパンではさみ両面を焼き、
　半分に切る。

粒こしょうをピリリと効かせて

サワークリーム ツナアボサンド

●材料（1〜2人分）

食パン…2枚
ツナ缶（油漬け）…1缶
アボカド…1/2個
サワークリーム、
**　粒こしょう（生タイプ）**…各適量

●作り方

1. アボカドは縦5mm幅に切る。
2. 食パン1枚にサワークリームを塗ってホットサンドメーカーに置き、油をきったツナ、アボカドをのせ、粒こしょうを散らす。
3. もう1枚のパンではさみ両面を焼き、半分に切る。

納豆とパン!?
でも、意外に合うんです

納豆キムチーズ ホットサンド

●材料（1〜2人分）

食パン…2枚
納豆…1パック
大葉…2枚
ピザ用チーズ、キムチ、
**　マヨネーズ**…各適量

●作り方

1. 納豆に付属のたれを入れてよくまぜる。
2. 食パン1枚をホットサンドメーカーに置き、大葉、納豆、キムチ、チーズをのせ、マヨネーズをかける。
3. もう1枚のパンではさみ両面を焼き、斜め半分に切る。

切り込み効果でソースがじわっ

バジルベーコンの
プルアパート
ブレッド

● 材料（1人分）

食パン（4枚切り）… 1枚
ベーコン（薄切り）、バジルソース（市販）、
　ピザ用チーズ…各適量

● 作り方

1 食パンの表面に井の字の形に切り込みを
入れ、一口大に切ったベーコンをはさむ。

2 ホットサンドメーカーに入れてバジル
ソースとチーズをかけ、ふたをして火に
かける。

3 ふたの上に熾火をのせ、チーズがとける
まで3分ほど熱する。

切り込みの部分に具をはさみ、
ソースをたら〜り

熾火になった薪（P78）を置いて上から熱を加えて

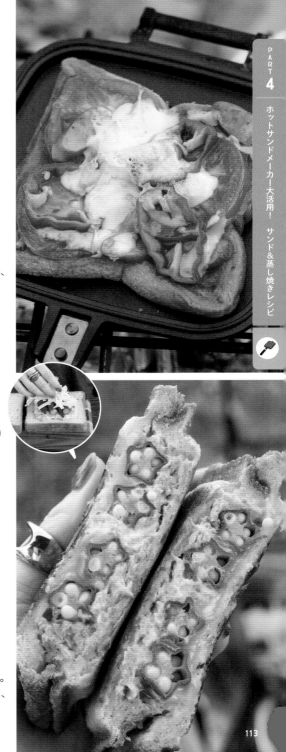

熾火の熱でチーズとろける
あつあつ
ピザトースト

●材料（1人分）

食パン（8枚切り）…1枚
トマトの薄切り…3枚
ウインナの斜め薄切り…1本分
ピーマンの輪切り…4〜5枚
ピザソース（市販）、ピザ用チーズ
　　…各適量

●作り方

1 食パンにピザソースを塗り、トマト、ウインナ、ピーマン、チーズをのせる。
2 ホットサンドメーカーに入れてふたをして火にかける。
3 ふたの上に熾火をのせ、チーズがとけるまで3分ほど熱する。

オクラの断面がかわいい♡
オクラとツナマヨの
ホットサンド

●材料（1〜2人分）

食パン…2枚　　**オクラ**…4本
ツナ缶（油漬け）…1缶
A ┌ **しょうゆ**…小さじ1
　└ **マヨネーズ**…大さじ1
ピザ用チーズ…適量

●作り方

1 オクラは塩適量（分量外）をもみこみ、2分ほどゆでてとり出す。
2 ツナの油をきり、Aをまぜる。
3 食パン1枚をホットサンドメーカーに置き2、オクラ、チーズをのせる。
4 もう1枚のパンではさみ両面を焼き、半分に切る。

113

アメリカでは定番のコンビ
PB&Jホットサンド

●**材料（1～2人分）**
食パン…2枚
**ピーナッツバター、
　お好みのジャム（市販）**…各適量

●**作り方**

1 食パン1枚にピーナッツバターとジャムを塗る。

2 ホットサンドメーカーに入れてもう1枚のパンではさむ。

3 両面に焼き色がつくまで焼き、斜め半分に切る。

表面のカリカリ食感が
楽しい！
メロンパン
ホットサンド

●**材料（1～2人分）**
メロンパン…1個
板チョコレート…1/2枚
バナナ…1本

●**作り方**

1 メロンパンを横半分に切る。バナナは斜め薄切りにする。

2 ホットサンドメーカーに下半分のパンを入れてチョコレートをのせ、バナナを少しずつずらしながら重ねる。

3 上半分のパンではさみ両面に焼き色がつくまで焼き、半分に切る。

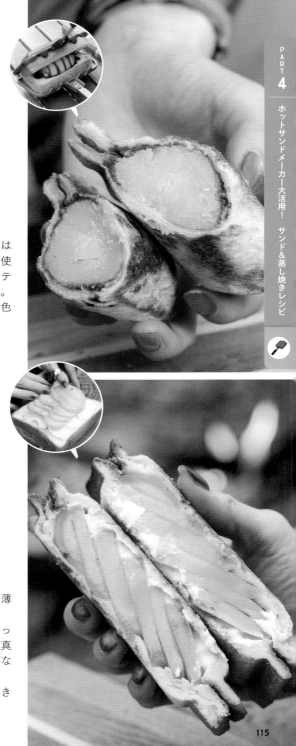

コンビニスイーツを丸ごと使って
スイートポテトチョコサンド

●材料（1〜2人分）
食パン…1枚
スイートポテト（市販）…1個
チョコソース（市販）…適量

●作り方
1. ホットサンドメーカー（写真では食パン1枚用のもの〈4w1h〉を使用）に食パンを入れ、スイートポテトを置き、チョコソースをかける。
2. かぶせるようにはさみ両面に焼き色がつくまで焼き、半分に切る。

甘みと酸味のバランスがgood！
柿クリームチーズホットサンド

●材料（1〜2人分）
食パン…2枚
柿…1/2個
クリームチーズ…適量

●作り方
1. 柿は皮をむいて縦に2〜3mm幅の薄切りにする。
2. 食パン1枚にクリームチーズを塗ってホットサンドメーカーに置き、真ん中の線上に柿を少しずつずらしながら重ねる。
3. もう1枚のパンではさみ両面に焼き色がつくまで焼き、半分に切る。

115

一口かじればチョコがとろっ

三角チョコパイ

●材料（1〜2人分）
冷凍パイシート（半解凍する）… 2枚
板チョコレート… 1枚

●作り方

1 ホットサンドメーカーの片面の大きさの
パイシートを2枚用意する。

2 チョコレートを割り、パイシートに半
量ずつのせる。三角形になるように半分
に折り、端をフォークで押さえて閉じる。

3 ホットサンドメーカーに入れて両面に焼
き色がつくまで焼き、半分に切る。

冷凍パイシートが
超便利でおいしい！

パイシートが小さい場合は
薄く伸ばして。めん棒がなけ
ればアルミホイルの芯でOK

フォークの先でぎゅっと
押さえて閉じていきます

スティック状だから食べやすい！
ねじりあんこパイ

●材料（1〜2人分）
冷凍パイシート（半解凍する）…1枚
好みのあん…適量

●作り方
1. ホットサンドメーカーの片面の2倍の大きさのパイシートを1枚用意する。
2. あんこをパイシート全面に塗る。
3. パイシートを半分に折りたたみ、切れ目を入れてねじる。
4. ホットサンドメーカーに入れて両面に焼き色がつくまで焼く。

ランチにもぴったりなおかずパイ
オーロラ ベーコーンパイ

●材料（1〜2人分）
冷凍パイシート（半解凍する）…2枚
ベーコン（厚切り）、
　ホールコーン缶…各80g
マヨネーズ、ケチャップ…各大さじ1

●作り方
1. ホットサンドメーカーの片面の大きさのパイシートを2枚用意する。
2. 角切りにしたベーコン、コーン、マヨネーズ、ケチャップをまぜ合わせる。
3. ホットサンドメーカーにパイシートを1枚敷き、2をのせる。
4. もう1枚のパイシートをかぶせ、両面に焼き色がつくまで焼き、斜め半分に切る。

つまみにもなる簡単スナック
のびるチーズパイ

●材料（3本分）
冷凍パイシート（半解凍する）…3枚
さけるチーズ…3本
ケチャップ、マヨネーズ…各大さじ1

●作り方
1. 10cm四方のパイシートを3枚用意する。1枚の手前にさけるチーズを1本のせてくるりと巻き、端をフォークで押さえて閉じる。同様に巻き、計3本作る。
2. ホットサンドメーカーに並べ、両面に焼き色がつくまで焼く。
3. ケチャップとマヨネーズをまぜてソースを作り、焼きあがったパイに添える。

コーヒー添えて召し上がれ
マシュマロ
チョコパイ

●材料（1〜2人分）
冷凍パイシート（半解凍する）…1枚
板チョコレート…適量
マシュマロ…3個

●作り方
1. ホットサンドメーカー（写真では食パン1枚用のもの〈4w1h〉を使用）を開いた大きさのパイシートを1枚用意する。
2. ホットサンドメーカーにパイシートを敷き、チョコレート、マシュマロをのせる。
3. かぶせるようにはさみ、両面に焼き色がつくまで焼く。

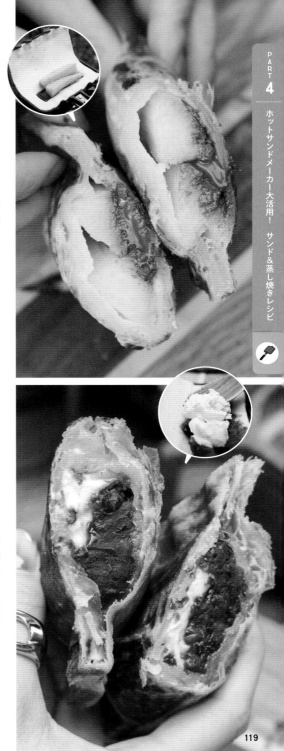

PART 4 ホットサンドメーカー大活用! サンド＆蒸し焼きレシピ

合わせてみたら…ハマる!
焼きいもチョコパイ

● 材料（1〜2人分）
冷凍パイシート（半解凍する）…1枚
板チョコレート…適量
焼きいも（市販）…1/2本

● 作り方
1. ホットサンドメーカー（写真では食パン1枚用のもの〈4w1h〉を使用）を開いた大きさのパイシートを1枚用意する。
2. ホットサンドメーカーにパイシートを敷き、チョコレート、食べやすい大きさに切った焼きいもをのせる。
3. かぶせるようにはさみ、両面に焼き色がつくまで焼く。

パイの中で和と洋が融合
あんこクリチパイ

● 材料（1〜2人分）
冷凍パイシート（半解凍する）…1枚
つぶあん、クリームチーズ…各適量

● 作り方
1. ホットサンドメーカー（写真では食パン1枚用のもの〈4w1h〉を使用）を開いた大きさのパイシートを1枚用意する。
2. ホットサンドメーカーにパイシートを敷き、つぶあん、クリームチーズを塗る。
3. かぶせるようにはさみ、両面に焼き色がつくまで焼く。

肉詰めよりも断然ラクちん！

肉巻きピーマン

●**材料（1〜2人分）**

ピーマン…2個
豚ロース薄切り肉…4枚
ごま油、焼肉のたれ…各適量

●**作り方**

1 ピーマンは細切りにする。

2 ラップを広げ、豚肉を少しずつずらしな
　がら重ねる。手前にピーマンをのせ、手
　前から巻く。ラップをはずして4等分
　に切る。

3 ホットサンドメーカーにごま油を熱し、
　2 を並べ、ふたをして蒸し焼きにする。

4 両面に焼き色がつくまで焼き、焼肉のた
　れを回しかける。

ラップごと持ち上げると
巻きやすい！

ふたをすれば火も早く通ります。
鉄板などで作る場合はホイルで
ふたしてもOK

120

●材料（1〜2人分）

餃子の皮（市販/大判）…6枚
ウインナソーセージ…6本
スライスチーズ（食べやすい大きさに切る）、
　バジルソース（市販）、
　オリーブ油、水…各適量

●作り方

1 餃子の皮の縁に水をつけ、中央にバジルソースを塗る。

2 スライスチーズ1枚、ウインナ1本を順にのせ、手前から巻いて閉じる。同様に巻き、計6本作る。

3 ホットサンドメーカーにオリーブ油を熱し、2を並べ水適量を入れてふたをし蒸し焼きにする。

4 水が蒸発して焼き色がついたら反対も焼き色がつくまで焼く。

具材をのせてくるっと巻くだけ！

皮の端が余ったら指でぎゅっと押さえて

餃子がおしゃれに大変身！

バジルチーズ
ウインナ餃子

酒が進みまくる絶品つまみ
鶏肉の梅ポン酢のり巻き

●材料（1〜2人分）

鶏もも肉…150g
梅干し（甘めのもの）…1個
ポン酢しょうゆ…大さじ1
焼きのりまたは味つけのり…適量

●作り方

1 鶏肉は一口大に切る。
2 ホットサンドメーカーを熱し、鶏肉を焼く。焼き色がついたら裏返し、反対も焼き色がつくまで焼く。
3 梅干しは種を取り除き、包丁で細かくたたき、ポン酢とまぜ合わせる。
4 鶏肉に火が通ったら 3 を加え、軽くまぜる。のりで巻いて食べる。

ふたを開けると おもちがとろっとろ
おもちの肉巻き

●材料（1〜2人分）

切りもち…2個
豚バラ薄切り肉…4枚
焼肉のたれ、いり白ごま…各適量

●作り方

1 もちは縦2等分に切り、豚肉を巻きつける。
2 ホットサンドメーカーを熱し、1 の巻き終わりを下にして並べ、転がしながら全面に焼き色をつける。
3 ふたをして、もちがやわらかくなるまで蒸し焼きにする。余分な脂をキッチンペーパーで拭きとり、焼肉のたれを全体に絡めてごまを散らす。

香ばしい焼き目が調味料
豚バラと大葉の油揚げ包み焼き

● **材料（1〜2人分）**

油揚げ… 2 枚　　大葉… 8 枚
豚バラ薄切り肉… 2 〜 3 枚
ポン酢しょうゆ、万能ねぎ…各適量

● **作り方**

1. 豚肉は油揚げに入る大きさに切る。豚肉、大葉、豚肉、大葉と重ねる。
2. 油揚げを半分に切り、袋状に開いて 1 を等分に詰める。
3. ホットサンドメーカーに入れてふたをし、両面に焼き色がつくまで焼く。ポン酢をかけて再びふたをし、汁けがなくなったらねぎを散らす。

蒸すのも焼くのも1台で完了
新じゃがチーズ焼き

● **材料（1〜2人分）**

新じゃがいも… 1 個
水…50㎖
ケチャップ、マヨネーズ、ピザ用チーズ、
パセリ…各適量

● **作り方**

1. じゃがいもは皮つきのまま輪切りにする。
2. ホットサンドメーカーにじゃがいもを並べ、水を入れふたをし、蒸し焼きにする。
3. 水が蒸発してじゃがいもがやわらかくなったら、ケチャップ、マヨネーズ、チーズをかける。
4. ふたをして熾火（おきび）をのせ、チーズがとけたらパセリを振る。

やさしい甘さに癒される
ひとくちバナナパンケーキ

●材料（1〜2人分）

A｜ **ホットケーキミックス**…1袋（150g）
　 牛乳…袋の表示量
　 卵…袋の表示量
バナナ…1本
メープルシロップ、粉砂糖、
　ホイップクリーム（市販）…各適量
ミント…適宜

●作り方

1 Aをまぜ合わせてホットケーキの生地を
　作る。バナナは輪切りにする。
2 フライパンを熱し、バナナをひとつずつ
　生地にくぐらせて並べ、両面に焼き色が
　つくまで焼く。
3 器に盛ってホイップクリームを添え、
　メープルシロップをかけて粉砂糖を振る。
　好みでミントを飾る。

輪切りにしたバナナを
生地にくぐらせて

パンケーキは油を引かずに焼いた方がきれいな仕上がりに！

砂糖をまぶして炙るだけ
超簡単！ りんご飴

● 材料（作りやすい分量）

りんご…1 個
グラニュー糖…適量

● 作り方

1. りんごは食べやすい大きさに切り、竹串に刺す。
2. グラニュー糖を器に出してりんごにまんべんなくまぶし、ガストーチでグラニュー糖がとけてあめ色になるまで炙る。
3. 表面が固まるまで冷ます。

表面をパリッと仕上げて
焼きバナナブリュレ

● 材料（1 人分）

バナナ…1 本
グラニュー糖…適量

● 作り方

1. バナナは皮ごと縦半分に切る。
2. アルミホイルを二重にして縦長の皿を作り、1 をのせて火にかける。皮と身の間からふつふつと泡が出てきたら火から下ろす。
3. グラニュー糖をかけ、ガストーチで焦げ目がつくまで炙る。

焼いたら激ウマスイーツが爆誕！

メロンパン フレンチトースト

●材料（1〜2人分）

メロンパン…1個
バター…1かけ
メープルシロップ、粉砂糖…各適量

A
- **牛乳**…100㎖
- **砂糖**…大さじ2
- **卵**…1個
- **バニラビーンズ**
  （またはバニラエッセンス）…適量

●作り方

1. メロンパンを4等分に切る。
2. ファスナーつき保存袋にAを入れ、袋をもんでまぜる。1を入れ、時々返しながら卵液がしみ込むまで30分ほどおく。
3. フライパンにバターを熱し、2を入れて弱火でじっくり両面を焼く。
4. 焼き色がついたら器に盛り、メープルシロップをかけて粉砂糖を振る。

保存袋をシェラカップに入れると安定するよ

卵液をしっかりしみ込ませて焼きます

●材料（1～2人分）

ホットケーキミックス
　…1袋（150g）
牛乳…100㎖
揚げ油…適量
グラニュー糖…大さじ1
シナモンパウダー…適宜

【チョコソース】
板チョコレート
　…1枚（50g）
牛乳…25㎖

生地は持ち上げたらポテッと落ちるくらい。硬かったら牛乳を少し追加して

●作り方

1 ホットケーキミックスに牛乳を加えてまぜ、生地を作る。絞り袋に入れる。

2 深型のマルチグリドルパンに揚げ油を中温に熱する。生地を一口分ずつ絞り出しながらキッチンばさみで切って入れる。

3 全体をきつね色になるまで揚げ、キッチンペーパーなどで油をきって器に盛る。

4 熱いうちにグラニュー糖と好みでシナモンを振る。

5 小鍋に刻んだチョコレートと牛乳を入れてまぜながら熱し、チョコレートがとけたら 4 に添える。

はさみの刃に油をつけておくと切りやすいよ

チョコソースで味変して
ひとくちチョコ チュロス

さーやん

インスタグラムを中心に、おしゃれなキャンプライフやキャンプ料理、コーディネートなどを発信している。SNSの総フォロワー数は169万人超え（2024年6月）。キャンプ料理のショート動画が人気。元はインドア派だったが、夫のともやんの影響でキャンプの魅力にハマり、自身のアカウントで発信するうち、たちまち人気に。愛車のジムニーはキャンプに合うようにカスタマイズをするほどのこだわりようで注目を集めている。

 @___saaayan___

さーやんフウフ
@___saaayan___

@___saaayan___

STAFF

デザイン	吉村 亮、石井志歩（Yoshi-des.）
撮影	ともやん（@tomoyan726）
イラスト	朝野ペコ
取材・文	野田りえ
編集	中野桜子
編集デスク	樋口 健、北川編子（光文社）

外でも家でも！
さーやんのゼロスキルキャンプ飯140

2024年6月30日　初版第1刷発行

著　者	さーやん
発行者	三宅貴久
発行所	株式会社　光文社
	〒112-8011東京都文京区音羽1-16-6
	電話　編集部03-5395-8172
	書籍販売部03-5395-8116
	制作部03-5395-8125
	メール　non@kobunsha.com
	落丁本・乱丁本は制作部へご連絡くださればお取り替えいたします。
組　版	堀内印刷
印刷所	堀内印刷
製本所	ナショナル製本